서울대 한국어+

Student's Book

서울대학교 언어교육원 지음

장소원 | 이정덕 | 연준흠 | 장은정

4B

머리말

《서울대 한국어+》는 한국어 학습자들이 한국어 능력을 효과적으로 향상시킬 수 있도록 서울대학교 언어교육원의 축적된 한국어 교육 경험을 녹여 낸 교재입니다. 이 시리즈를 통해 한국어 학습자들은 한국어의 표현 영역인 말하기, 쓰기 기술과 이해 영역인 듣기, 읽기 기술을 단계적이고 주도적으로 발전시킬 수 있습니다.

《서울대 한국어+ Student's Book 4》는 600시간의 정규 과정에서 한국어 교육을 받았거나 그에 준하는 한국어 능력을 가진 일반 목적의 성인 한국어 학습자들을 위한 교재로서, 이 교재의 학습 목표는 한국어 숙달도 4급 수준에 도달하는 것입니다. 이 교재는 학습자가 쉽게 접할 수 있는 사회적, 추상적 주제에 대해 정확하고 유창한 한국어 의사소통 능력을 기르도록 만들어 졌습니다. 각 단원에서는 주제와 관련된 어휘를 시각 자료와 함께 제시하였고, 말하기, 듣기, 읽기, 쓰기 기술을 효과적으로 연습할 수 있는 문법과 표현을 선별하여 구성하였습니다. 기존의 교재가 문법과 표현을 전면적인 교육 내용으로 제시한 것과 달리 《서울대 한국어+》에서는 문법과 표현을 별책으로 번역과 함께 제공하여 학습자들이 주도적으로 문법과 표현을 익힌 후 주교재의 활동을 통해 의미를 습득하고 표현할 수 있도록 하였습니다.

일상생활에서 자주 접하는 구어 중심의 말하기, 듣기 활동과 더불어 발표, 토의 등 공식적인 담화 상황에서 활용할 수 있는 말하기, 듣기 기능을 학습할 수 있도록 구성하여 이후 고급 수준으로 도약할 수 있는 징검다리 역할을 하도록 하였습니다. 또한 다양한 장르의 읽기 텍스트를 제시하고, 이와 관련된 쓰기 활동을 통해 이해 영역인 읽기와 표현 영역인 쓰기가 자연스럽게 연계될 수 있도록 집필하였습니다. 특히 쓰기 활동은 하나의 결과물로서의 쓰기뿐만 아니라 쓰는 과정에도 초점을 맞출 수 있도록 몇 가지 단계를 거쳐서 하나의 텍스트를 완성해 나가도록 하였습니다. 각 단원의 마지막에는 실제성 있는 과제를 배치하여 해당 단원에서 학습한 어휘, 문법과 표현, 말하기, 듣기, 읽기, 쓰기를 단계적, 통합적으로 활용할 수 있도록 집필하였습니다.

문화 영역에는 학습자들이 각 단원의 주제와 관련된 한국 문화를 상호문화적으로 접할 수 있도록 언어문화적인 내용과 사회문화적인 내용을 담았습니다. 발음은 단원의 어휘, 문법과 표현, 네 가지 언어 기술을 학습하는 데 관련이 있는 필수적인 것만 제시하였고, 이를 Workbook의 복습에서 정리, 연습할 수 있도록 구성하였습니다.

이 책이 나오기까지 정말 많은 분들의 수고가 있었습니다. 서울대학교 국어국문학과 장소원 교수님은 《서울대 한국어+》 1~6급 교재의 기획, 교재 개발을 위한 사전 연구와 집필, 출판에 이르는 전체적인 과정을 총괄해 주셨고, 4급 교재의 집필을 총괄한 이정덕 선생님을 비롯해서 연준흠, 장은정 선생님은 오랜 기간 원고 집필뿐 아니라 편집, 출판 작업을 꼼꼼하게 진행해 주셨습니다. 또한 4급 교재 전권의 감수를 맡아 주신 안경화 교수님과 자문을 해 주신 한재영 교수님, 최은규 교수님의 도움이 없었다면 지금과 같은 책의 완성도를 기대하기 어려웠음을 잘 알고 있습니다. 깊이 감사드립니다. 그리고 영어 번역을 맡아 주신 이소명 번역가와 번역 감수를 맡아주신 UCLA 손성옥 교수님, 그리고 멋진 삽화 작업으로 빛나는 책을 만들어 주신 ㈜예성크리에이티브 분들께도 감사드립니다. 또 녹음을 담당해 주신 성우 이상운, 조경아 선생님과 2022년 여름 학기에 새 교재의 시범 단원으로 수업을 하신 후 소중한 의견을 주신 4급 정규반의 민정원, 김미연, 김현경, 박영지, 신필여, 이정화, 진문이, 최유리 선생님께도 진심으로 감사의 말씀을 드립니다. 마지막으로 학술 도서와 전혀 성격이 다른 한국어 교재의 출판을 결정하고 물심양면으로 지원해 주신 서울대학교출판문화원 이경묵 원장님과, 밤낮을 가리지 않고 고생을 감수하신 편집진분들께 깊이 감사드립니다.

2023년 6월
서울대학교 언어교육원 원장
장윤희

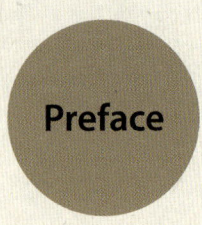

Preface

SNU Korean⁺ is a textbook that draws on the accumulated Korean language education experience of the Seoul National University Language Education Institute to help learners effectively improve their Korean language skills. Through this series, Korean language learners can gradually and pro-actively develop their speaking and writing skills, which are areas of expression, and their listening and reading skills, which are areas of comprehension.

SNU Korean⁺ Student's Book 4B is intended for general-purpose adult Korean language learners who have completed 600 hours of classroom instruction or equivalent Korean proficiency, with the goal of achieving level 4 Korean language fluency. This textbook is designed for learners to develop accurate and fluent Korean communication skills on social and abstract topics. The vocabulary related to each unit's topic is presented with visual materials along with selected grammar & expression for an effective way of practicing speaking, listening, reading, and writing skills. Instead of presenting grammar & expression as a comprehensive education content found in the previous textbooks, **SNU Korean⁺** provides a separate Grammar & Expression Book with translations for learners to learn at their own pace, understand the meaning, and express them through activities in the Student's Book.

The textbook serves as a stepping stone to move up to higher levels through everyday speaking and listening activities in addition to learning speaking and listening skills that can be used in formal situations such as presentations and discussions. Also, by presenting reading texts of various genres and related writing activities, learners can naturally link reading, an area of comprehension, to writing, an area of expression. In particular, the writing activity is designed to complete a text in a series of steps, allowing learners to improve their expressive skills through process-oriented writing activities. At the end of each unit, practical exercises are placed so that the vocabulary, grammar & expression, speaking, listening, reading, and writing can be used in a gradual and integrated manner.

The culture section accounts for linguistic-cultural and socio-cultural content in a way that allows learners to encounter Korean culture in an intercultural context related to the unit's topic. Pronunciation was selected based on necessity related to learning the vocabulary, grammar & expression of the unit, and skills for each language function, and was structured so that they could be refreshed and practiced in the review section of the Workbook.

A lot of dedication went into the publication of this book. I would like to express my sincere gratitude to everyone who contributed to this project. Thank you to Seoul National University Professor Chang Sowon at the Department of Korean Language and Literature, for overseeing the entire project, beginning with the preliminary research for the development of **SNU Korean⁺** Levels 1-6, Seoul National University LEI Instructor Lee Jeongdeok, for editing the authoring of Level 4, and Seoul National University LEI Instructors Yeon Joonheum and Chang Eunjung, for writing, reviewing, and editing the manuscript to produce the overall completion of **SNU Korean⁺** Level 4. My deepest thanks to supervisor former Seoul National University LEI Professors Ahn Kyunghwa, and consultants Hanshin University Honorary Professor Han Jae Young and former Seoul National University LEI Professor Choi Eunkyu because the Level 4 textbooks could not have been developed without their help. Thanks to translator Lee Susan Somyung, translation editor UCLA Professor Sohn Sung-Ock, and the YESUNG Creative artists for the stunning illustrations. Many thanks to the voice actors Lee Sangun and Cho Kyung-ah, along with Seoul National University LEI Level 4 Instructors Min Jungwon, Kim Meeyun, Kim Hyunkyung, Park Youngjee, Shin Pilyeo, Lee Junghwa, Jin Moone, and Choi Yoori, who provided insightful feedback after using the new textbook's sample unit as a pilot in the summer semester of 2022. Lastly, a special thanks to Seoul National University Press Director Lee Kyungmook for providing financial and spiritual support and deciding to publish these Korean textbooks, as well as the editorial staff for working tirelessly on this project.

June 2023
Jang Yoonhee
Executive Director
Language Education Institute, Seoul National University

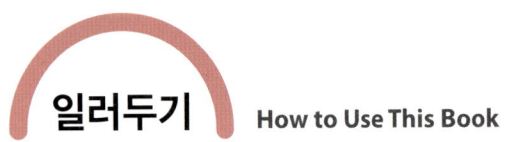

일러두기   How to Use This Book

《서울대 한국어+ Student's Book 4B》는 10단원부터 18단원까지 9개의 단원으로 구성되었으며 각 단원은 두 개의 과로 나누어진다. 각 단원의 1과는 '도입, 어휘, 말하기 1·2, 듣기 1·2·3'이며, 2과는 '어휘, 읽기 1·2, 쓰기, 과제, 문화, 발음, 자기 평가'로 구성된다. 각 과는 각각 4시간 수업용이다.

SNU Korean+ Student's Book 4B consists of units 10-18. Each unit has two lessons–Lesson 1: Introduction, Vocabulary, Speaking 1, 2, Listening 1, 2, 3, and Lesson 2: Vocabulary, Reading 1, 2, Writing, Task, Culture, Pronunciation, and Self-Check. Each lesson amounts to 4 hours of classwork.

해당 단원의 주제를 아우르는 질문을 제시하여 단원 주제에 대해 생각해 볼 수 있도록 구성하였다. 학습자는 질문을 이해하고 답을 생각해 보면서 배경지식을 활성화하고 학습 목표와 학습 주제를 파악할 수 있다.

The book is designed so that learners can think about the topic of the unit by looking at questions related to it. Learners can activate their background knowledge and recognize learning goals and subject matter by understanding the questions and thinking about the answers.

어휘 Vocabulary

주제별로 선정된 목표 어휘를 시각 자료와 상황, 번역과 함께 제시하여 학습자가 어휘의 의미를 유추, 확인할 수 있도록 구성하였다. 또한 어휘를 활용하여 자신의 상황에 맞게 말할 수 있도록 다양한 질문을 제시하였다.

The target vocabulary for each topic is presented with visuals, situations, and translations so that learners can infer and confirm the meaning. Also, various questions are presented so that learners can use the vocabulary accordingly when speaking.

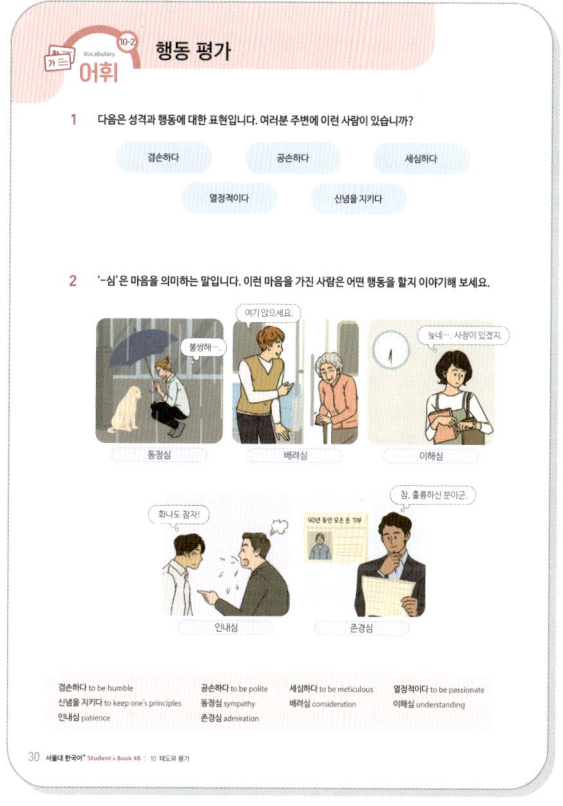

말하기 Speaking

'준비 1·2', '말하기 1·2'로 구성하였다.

This section is composed of Warm-up 1, 2, and Speaking 1, 2.

준비 1·2 Warm-up 1, 2

목표 문법과 표현을 정확하게 익혀서 다음 단계인 말하기 1, 2를 준비할 수 있도록 하였다.

By accurately learning the target grammar & expression, learners can prepare for Speaking 1, 2.

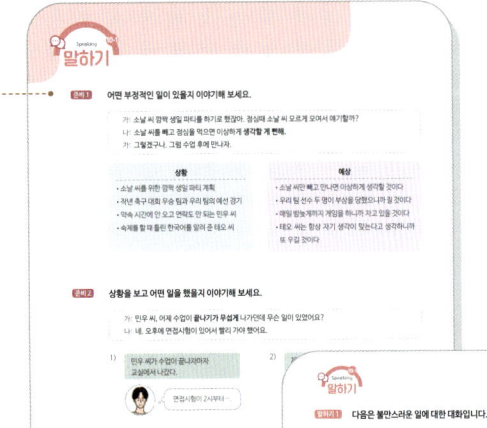

말하기 1 Speaking 1

해당 과의 주제와 세부 말하기 기능, 어휘, 문법과 표현을 담은 대화문을 제시하여 단원 주제와 세부 말하기 기능 표현을 확인할 수 있도록 하였다. 학습자는 기능 표현을 활용해 주어진 3~4개의 상황에 맞는 담화를 구성할 수 있다.

Conversations with topics, detailed speaking skills, vocabulary, grammar & expression from the lessons are presented to confirm the unit's topic and detailed speaking skills. Learners can construct discourse suitable for three to four given situations by using functional expressions.

말하기 2 Speaking 2

학습자가 해당 과의 주제와 관련된 의미 있는 담화를 스스로 생성해 낼 수 있도록 질문과 구체적인 상황을 제시하였다.

Questions and specific situations are presented so that learners can construct and engage in meaningful discourse about the topic of the corresponding lesson.

듣기 Listening

'준비', '듣기 1·2·3'과 '말하기' 활동으로 구성된다.
This section is composed of Warm-up, Listening 1, 2, 3, and Speaking.

준비 Warm-up

듣기 전 단계로, 들을 내용을 예측할 수 있는 질문 또는 시각 자료를 제시하여 학습자의 배경지식을 활성화한다.

As the pre-listening stage, the learner's background knowledge is activated by presenting questions, photos, and illustrations that help predict what they will listen.

듣기 Listening

듣기는 '듣기 1·2·3'으로 구성하였다. 여러 주제와 상황에서의 실제적이고 다양한 종류의 듣기 텍스트를 제시하였다. 듣기 단계에서는 들은 내용을 확인하는 문제를 제공하여 학습자 스스로 이해 수준을 점검해 볼 수 있도록 하였다.

Listening is composed of Listening 1, 2, 3. It covers a wide range of topics, situations, and practical yet diverse listening texts. In the listening stage, questions are provided to confirm the learner's listening skills and level of understanding.

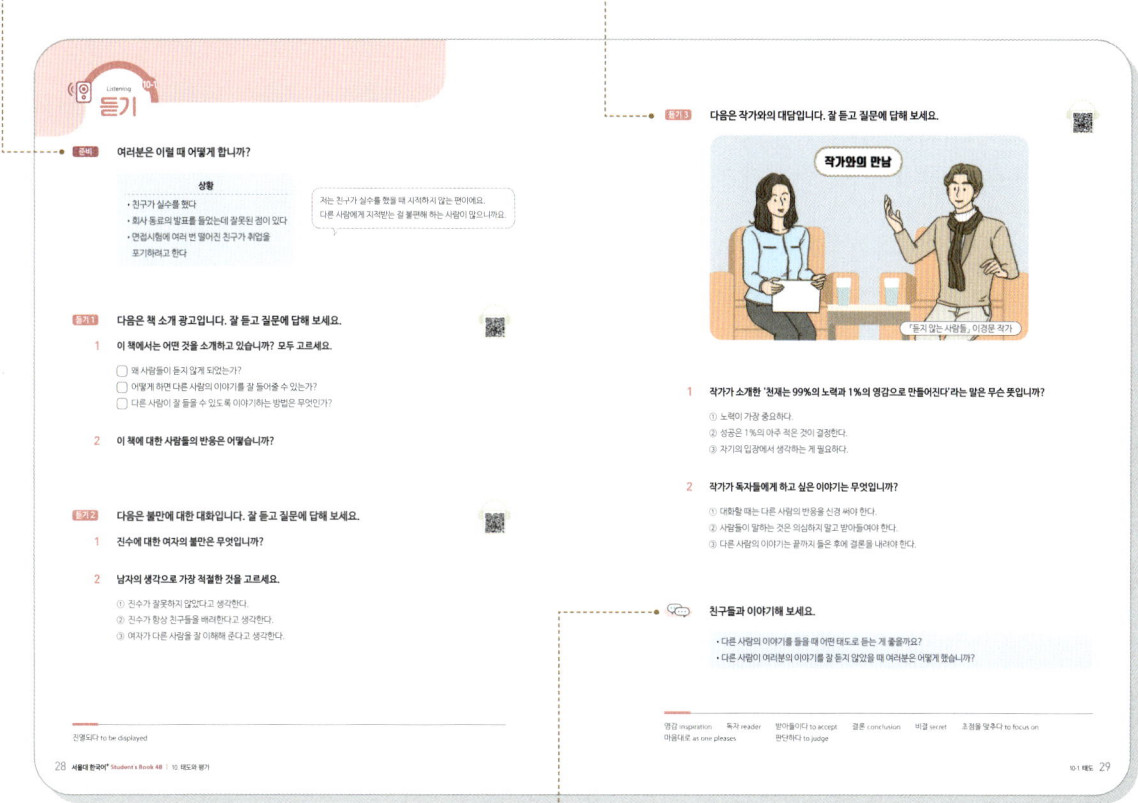

말하기 Speaking

듣기 후 단계로, 이 단계에서는 듣기의 주제 및 기능과 연계된 짧은 담화를 생성하게 하여 학습자의 의사소통 능력을 향상시킬 수 있도록 하였다.

As the post-listening stage, learners can improve their communication skills by constructing short discourses on the topic and functions of listening.

읽기 Reading

'준비', '읽기 1·2'와 '말하기' 활동으로 구성된다.
This section is composed of Warm-up, Reading 1, 2, and Speaking.

준비 Warm-up

읽기 전 단계로, 이 단계에서는 해당 과의 주제와 관련된 도표, 사진, 인포그래픽 등을 통해서 학습자의 읽기 텍스트 관련 배경지식을 활성화할 수 있도록 하였다. 또한 자료를 해석하여 주제 어휘, 목표 문법과 표현을 활용해 짧은 담화를 완성할 수 있도록 구성하였다.

The learner's background knowledge is activated in the pre-reading stage by presenting graphs, photos, and infographics related to the topic of the lesson. Also, the topic vocabulary, target grammar & expression are used to complete a short discourse by interpreting the materials.

읽기 Reading

읽기는 '읽기 1·2'로 구성하였다. '읽기 1'에서는 비교적 짧은 실용문을 제시하였고, '읽기 2'에서는 설명문, 칼럼, 기사, 감상문 등 완결된 형식의 텍스트를 제시하였다. 읽은 내용에 대한 확인 문제를 통해서 학습자 스스로 이해 수준을 점검해 볼 수 있다. 읽기 1, 2는 쓰기 활동과 연계되며, 일종의 모범 텍스트로서 학습자가 글을 쓸 때 참고할 수 있도록 하였다.

Reading is composed of Reading 1, 2. Reading 1 is a short practical text, whereas Reading 2 is a longer text such as an explanatory essay, a column, an article, or a review. The questions allow learners to evaluate their level of understanding. Reading 1, 2 are linked to writing and serve as model texts for learners to refer to when writing.

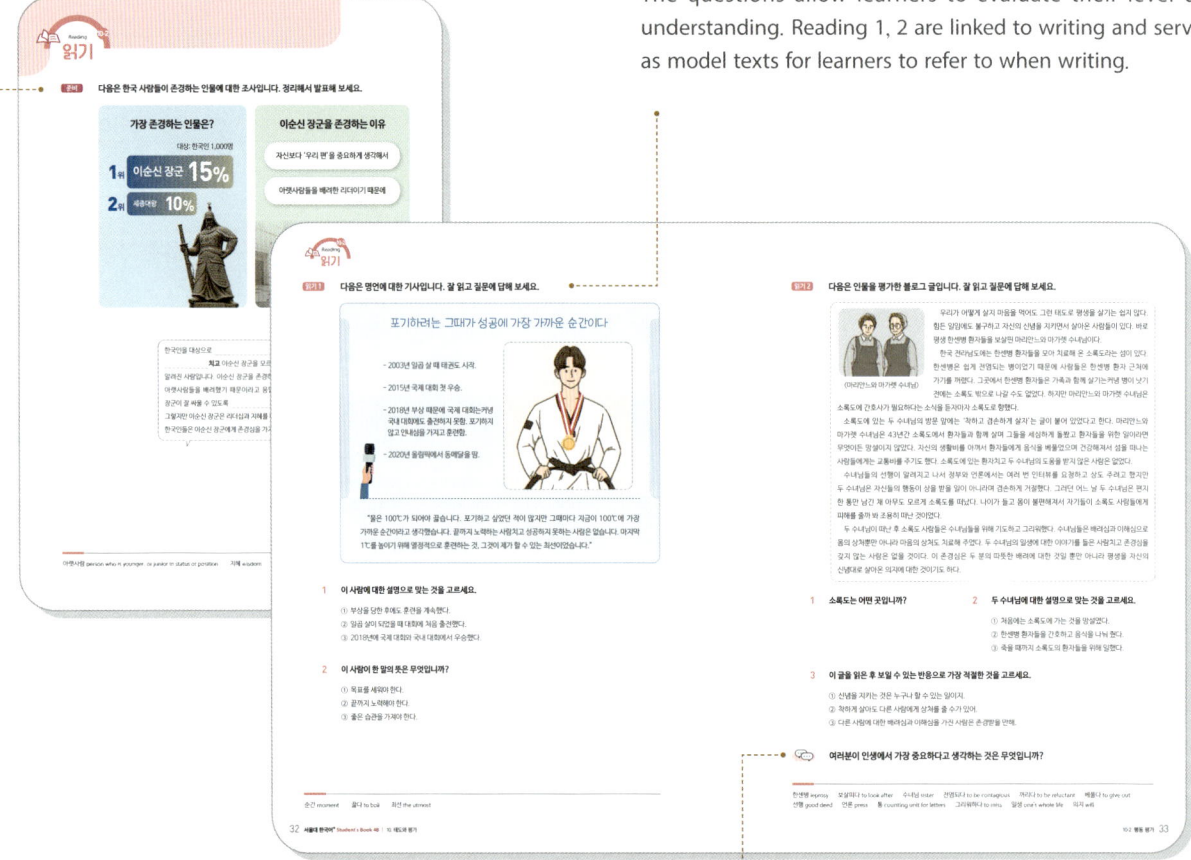

말하기 Speaking

읽기 후 단계로서, 이 단계에서는 읽기의 주제 및 기능과 연계된 질문을 제시하여 학습자들이 읽기 텍스트와 관련된 각자의 생각을 이야기해 볼 수 있도록 구성하였다.

In the post-reading stage, questions related to the reading's topic and functions will allow learners to speak their minds.

쓰기 Writing

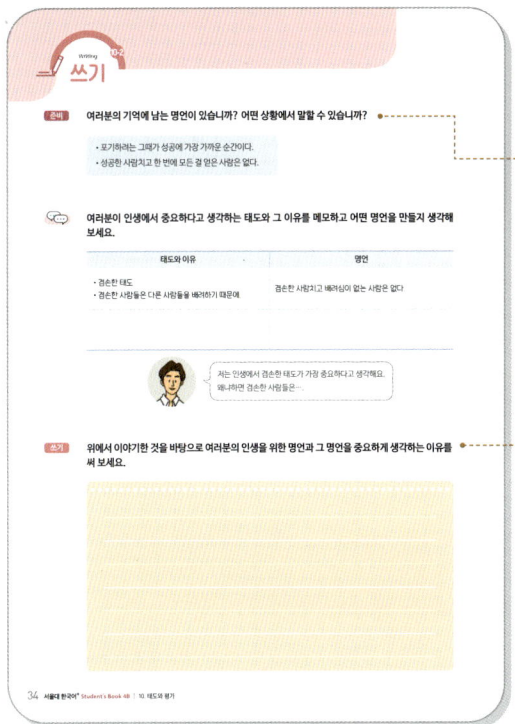

쓰기는 '준비'와 '쓰기'로 구성하였다.
Writing is composed of Warm-up and Writing.

준비 Warm-up

쓰기 전 단계로서 학습자는 질문이나 제시된 자료를 통해서 자신이 쓸 내용에 대한 생각을 정리할 수 있다.

During the pre-writing stage, learners can organize their thoughts about what they want to write through the questions or presented materials.

쓰기 Writing

학습자들이 준비 단계에서 생각한 내용을 바탕으로 구체적인 개요를 작성하고, 읽기 텍스트와 유사한 장르의 글을 쓰도록 하였다. 과정 중심 글쓰기 활동이며 학습자들이 단계별로 자신의 쓰기 능력을 향상시킬 수 있도록 하였다.

Based on the detailed outline written in Warm-up, learners can write texts similar to the reading genre. It is a process-oriented writing activity that allows learners to improve their writing skills step by step.

과제 Task

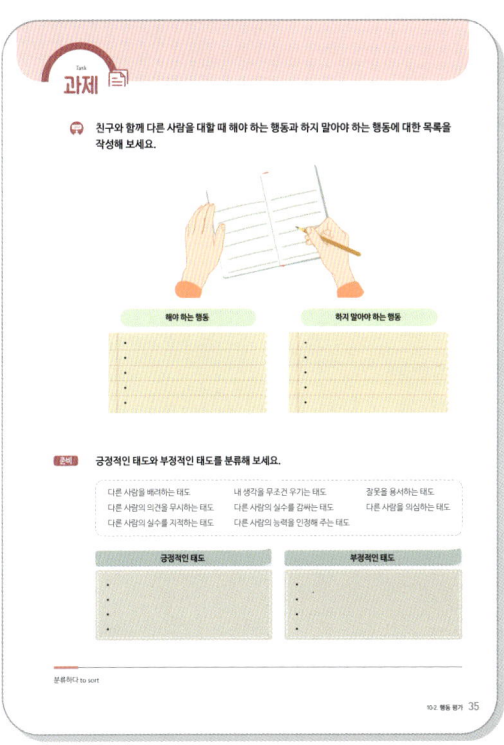

'준비'와 2~3개의 단계로 구성하였다. 학습자들은 다른 학습자와의 상호 작용을 통해 주어진 문제를 해결하는 과정에서 한국어 유창성을 키울 수 있다.

Task is consisted of Warm-up along with two to three stages. Learners can develop Korean fluency while solving a given problem by interacting with other learners.

문화 Culture

단원 주제와 관련된 언어문화적, 사회문화적 내용을 시각 자료와 간단한 텍스트로 제시하여 상호문화적인 관점에서 한국 문화에 대한 이해를 넓힐 수 있도록 구성하였다.

The linguistic-cultural and socio-cultural content related to the unit's topic is presented in visual materials and simple texts to broaden intercultural understanding of Korean culture.

발음 및 자기 평가 Pronunciation and Self-Check

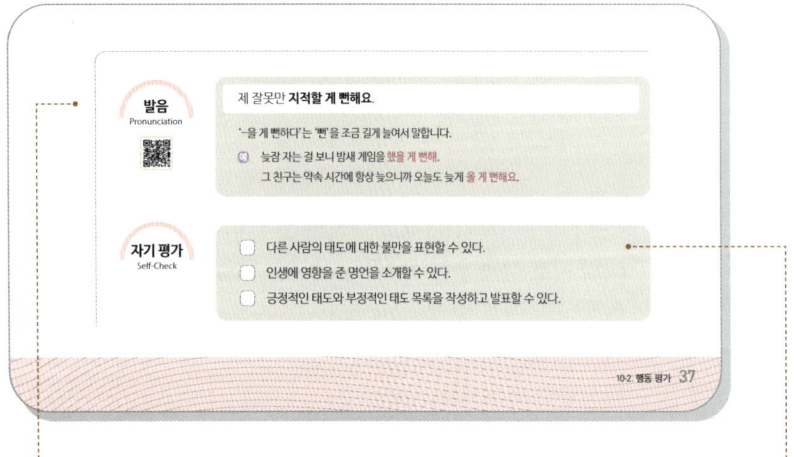

발음 Pronunciation

각 단원 '말하기 1'의 모범 대화에 제시된 어휘 또는 문법과 표현의 음운, 운율 현상을 확인하고 예문을 통해 연습할 수 있다.

Learners can use the example sentences to confirm the phonology and prosody of vocabulary, grammar & expression presented in each unit's Speaking 1 model conversations.

자기 평가 Self-Check

단원의 학습 목표를 달성하였는지 학습자 스스로 확인할 수 있도록 질문을 제시하였다.

Questions are presented so that learners can confirm whether they have achieved the learning objectives of the unit.

차례 Table of Contents

머리말 Preface	• 2
일러두기 How to Use This Book	• 6
교재 구성표 Scope and Sequence	• 14
등장인물 Characters	• 20

4B

10단원	태도와 평가 Attitude & Assessment	10-1. 태도 Attitude	• 24
		10-2. 행동 평가 Behavioral Assessment	• 30
11단원	대인 관계 Human Relationship	11-1. 부탁과 거절 Request & Refusal	• 40
		11-2. 사회생활 Social Life	• 46
12단원	옛날이야기의 교훈 Morals from Old Stories	12-1. 속담과 생활 Proverbs & Life	• 56
		12-2. 옛날이야기 Old Stories	• 62
13단원	논란거리 Controversies	13-1. 사회 문제 Social Issues	• 72
		13-2. 의견과 비판 Opinions & Criticisms	• 78
14단원	언어와 생활 Language & Life	14-1. 다양한 언어 사용 Various Language Usage	• 88
		14-2. 흥미로운 언어 Interesting Languages	• 94
15단원	소중한 환경 Precious Environment	15-1. 환경 문제와 원인 Environmental Issues & Causes	• 104
		15-2. 환경 보호 Environmental Protection	• 110
16단원	동물과 식물 Animals & Plants	16-1. 반려동물의 의미 Meaning of Companion Animals	• 120
		16-2. 멸종과 보호 Extinction & Protection	• 126
17단원	과학과 생활 Science & Life	17-1. 일상생활 속 과학 Science in Everyday Life	• 136
		17-2. 과학 지식의 활용 Use of Scientific Knowledge	• 142
18단원	잊지 못할 인연 Unforgettable Connections	18-1. 소중한 인연 Precious Connections	• 152
		18-2. 추억 Memories	• 158

부록 Appendix	• 167

교재 구성표 Scope and Sequence

단원 제목 Unit Title		어휘 Vocabulary	기능별 활동 Skills
10. **태도와 평가** Attitude & Assessment	10-1. 태도 Attitude	긍정적 태도, 부정적 태도 Positive attitude, Negative attitude	**말하기 Speaking** • 불만과 부정적인 예상 말하기 Complaints and negative expectations
	10-2. 행동 평가 Behavioral Assessment	성격과 행동 ①, '-심' Personality and behavior ①, '-심'	**읽기 Reading** • 명언에 대한 기사 읽기 Article about quotes • 인물에 대한 평가문 읽기 Character assessment
11. **대인 관계** Human Relationship	11-1. 부탁과 거절 Request & Refusal	부탁과 거절, 부탁하기/거절하기 어려운 이유 Request and refusal, The reason why making a request/refusal is difficult	**말하기 Speaking** • 부탁하기/거절하기 Requesting/refusing
	11-2. 사회생활 Social Life	성격과 행동 ②, '-스럽다' Personality and behavior ②, '-스럽다'	**읽기 Reading** • 대인 관계에 대한 기사 읽기 Article about human relationships • 사회생활 잘하는 법에 대한 칼럼 읽기 Column about how to have a good social life
12. **옛날이야기의** **교훈** Morals from Old Stories	12-1. 속담과 생활 Proverbs & Life	속담 Proverbs	**말하기 Speaking** • 속담을 인용해서 상황 설명하고 추측하기 Explaining the situation by quoting a proverb and making a guess
	12-2. 옛날이야기 Old Stories	이야기의 내용과 교훈, '-같다' Morals, '-같다'	**읽기 Reading** • 청개구리 이야기 읽기 Disobedient frog story • 옛날이야기의 교훈에 대한 설명문 읽기 Explanatory writing about moral of an old story

기능별 활동 Skills	문법과 표현 Grammar & Expression	과제 Task	문화 Culture	발음 Pronunciation
듣기 Listening • 책 소개 광고 듣기 　Book introduction advertisement • 불만에 대한 대화 듣기 　Conversation about complaints • 작가와의 대담 듣기 　Conversation with the author	• 동형-을 게 뻔하다 　명일 게 뻔하다 • 동-기(가) 무섭게	태도 목록 만들기 Create an attitude list	벼는 익을수록 고개를 숙인다 The nobler, the humbler	지적할 게 뻔해요 (억양)
쓰기 Writing • 명언 쓰기 　Quotes	• 명은커녕 　동형-기는커녕 • 명치고			
듣기 Listening • 거절하는 대화 듣기 　Conversation about refusing • 예의 없는 부탁에 대한 대화 듣기 　Conversation about rude requests • 거절 방법에 대한 대담 듣기 　Talk about how to refuse	• 동형-거든 • 동-는다기보다는 　형-다기보다는 　명이라기보다는	부탁하고 거절하기 Requesting and refusing	말이 고마우면 비지 사러 갔다가 두부 사 온다 Quality in, quality out	먹었거든 (억양)
쓰기 Writing • 대인 관계 비결 쓰기 　Human relationship tips	• 명대로 　동-는 대로 • 동형-으므로 　명이므로			
듣기 Listening • 속담을 인용한 대화 듣기 　Conversation quoting proverbs • 생활 정보 방송 듣기 　Broadcast about everyday life information • 속담의 소재에 대한 강연 듣기 　Lecture about the subject of proverbs	• 동-는다더니 　형-다더니 　명이라더니 • 설마 동형-겠어(요)?	속담 패러디하기 Parodying proverbs	옛날 옛날 호랑이 담배 피우던 시절에… Long long ago…	경쟁률
쓰기 Writing • 이야기의 교훈 쓰기 　Moral of the story	• 동-는다는 것은 명으로 　알 수 있다 　형-다는 것은 명으로 　알 수 있다 　명이라는 것은 명으로 　알 수 있다 • 동형-기 마련이다			

단원 제목 Unit Title		어휘 Vocabulary	기능별 활동 Skills
13. 논란거리 Controversies	13-1. 사회 문제 Social Issues	논란, 문제 해결 과정과 방법 Controversy, Issue resolution process and method	**말하기 Speaking** • 논란에 대해 의견과 가능성 제기하기 Opinions on controversies and possibilities
	13-2. 의견과 비판 Opinions & Criticisms	문제 상황과 의견, '불-' Issues and opinions, '불-'	**읽기 Reading** • 노키즈존에 대한 기사 읽기 Article about no-kids zone • 노키즈존 확대에 대해 주장하는 글 읽기 Article of why there should be an expansion of the no-kids zone
14. 언어와 생활 Language & Life	14-1. 다양한 언어 사용 Various Language Usage	'-말/-어', 언어 사용 찬반 '-말/-어', Pros and cons of languages	**말하기 Speaking** • 상대방의 의견에 대해 반박하고 이유 말하기 Refuting the other person's opinion and giving reasons
	14-2. 흥미로운 언어 Interesting Languages	언어 습관과 말하는 방식, 말의 사용 Language habits and manners of speaking, Word usage	**읽기 Reading** • 신조어 사용에 대한 블로그 글 읽기 Blog post about neologism usage • 신조어 사용에 대한 칼럼 읽기 Column about neologism usage
15. 소중한 환경 Precious Environment	15-1. 환경 문제와 원인 Environmental Issues & Causes	환경 문제, 환경 오염의 원인 Environmental issues, Causes of environmental pollution	**말하기 Speaking** • 부정적인 결과 예상하기 Anticipating negative outcomes
	15-2. 환경 보호 Environmental Protection	환경 보호 방법, '-되다/-하다' Environmental protection methods, '-되다/-하다'	**읽기 Reading** • 환경 보호 운동에 대한 기사 읽기 Article about environmental protection movements • 환경 문제에 대한 칼럼 읽기 Column about environmental issues

기능별 활동 Skills	문법과 표현 Grammar & Expression	과제 Task	문화 Culture	발음 Pronunciation

듣기 Listening
• 교내 상업 시설에 대한 대화 듣기
Conversation about commercial facilities on campus
• 장학금에 대한 대화 듣기
Conversation about scholarships
• 성적 장학금 폐지에 대한 토론 듣기
Discussion on getting rid of academic scholarships
	• 동-는지 동-는지
	  형-은지 형-은지
	  명인지 명인지
	• 동형-을지도 모르다
	  명일지도 모르다
		일대일 토론하기
		1:1 discussion
			도마 위에 오르다
			To be on the chopping block
				논란

쓰기 Writing • 주장하는 글쓰기 ① (단락 쓰기) Argumentative writing ① (paragraph)	• 명과 달리 • 동-느니 (차라리)			

듣기 Listening
• 청소년의 언어 능력에 대한 뉴스 듣기
News about teenagers' language skills
• 줄임말 사용에 대한 대화 듣기
Conversation about abbreviation usage
• 줄임말 사용에 대한 토론 듣기
Discussion about abbreviation usage
	• 동-는 데다가
	  형-은 데다가
	  명인 데다가
	• 동-기는 하는데
	  형-기는 한데
	  명이기는 한데
		찬성 팀/반대 팀 토론하기
		Proposition/ Opposition team discussion
			수능, 자판기, 비냉, 물냉
			CSAT, vending machine, cold noodles, spicy mixed noodles (abbreviation)
				싱크홀

쓰기 Writing • 자국의 언어 사용 상황을 소개하는 글 쓰기 Introducing buzzwords in your home country	• 명에 비해(서) • 명이며 명이며			
듣기 Listening • 환경 문제 인식에 대한 뉴스 듣기 News about environmental awareness • 생활 습관과 환경 오염에 대한 대화 듣기 Conversation about lifestyle habits and environmental pollution • 대기 오염의 원인에 대한 대담 듣기 Talk about the causes of air pollution	• 동-다가는 • 동-는 사이(에)	벼룩시장 Flea market	쓰레기 종량제, 재활용품 분리수거 Volume-based waste system, separating recyclables	큰일이다 (억양)
쓰기 Writing • 주장하는 글쓰기 ② Argumentative writing ②	• 명으로 인해(서) • 동-을 것이/게 아니라			

단원 제목 Unit Title		어휘 Vocabulary	기능별 활동 Skills
16. **동물과 식물** Animals & Plants	16-1. 반려동물의 의미 Meaning of Companion Animals	반려동물의 장단점, '-성' Pros and cons of companion animals, '-성'	**말하기 Speaking** • 반복되는 행동에 대한 불만 표현하고 조언하기 Expressing dissatisfaction and giving advice
	16-2. 멸종과 보호 Extinction & Protection	동물과 식물, 동물과 식물의 보호 Animals and plants, Animal and plant protection	**읽기 Reading** • 벨루가에 대한 기사 읽기 Article about beluga whale • 한국호랑이 멸종에 관한 설명문 읽기 Explanatory writing about the Korean tiger extinction
17. **과학과 생활** Science & Life	17-1. 일상생활 속 과학 Science in Everyday Life	과학에 대한 태도, 유전 Attitude towards science, Genes	**말하기 Speaking** • 반대 상황과 정확한 이유 설명하기 Explaining the opposite situation and the exact reason
	17-2. 과학 지식의 활용 Use of Scientific Knowledge	생활 속 과학, '-력' Science in life, '-력'	**읽기 Reading** • 과학자의 블로그 글 읽기 Scientist's blog post • 과학 지식에 대한 설명문 읽기 Explanatory writing about scientific knowledge
18. **잊지 못할 인연** Unforgettable Connections	18-1. 소중한 인연 Precious Connections	인연과 만남, 변화 Relationships and encounters, Change	**말하기 Speaking** • 우연히 만난 지인의 안부 묻고 감사 표현하기 Asking about the well-being of your acquaintance you met by chance and expressing gratitude
	18-2. 추억 Memories	추억과 기억, '-받다' Memories and recollections, '-받다'	**읽기 Reading** • 수상 소감 읽기 Award speech • 감사 편지 읽기 Thank you letter

기능별 활동 Skills	문법과 표현 Grammar & Expression	과제 Task	문화 Culture	발음 Pronunciation
듣기 Listening • 반려묘에 대한 대화 듣기 Conversation about companion cats • 반려동물 사육에 대한 뉴스 듣기 News about raising companion animals • 반려동물과 건강에 대한 대담 듣기 Conversation about companion animals and their health	• 동-어 대다 • 동형-더라도	동물/식물 사전 만들기 Creating an animal/plant dictionary	한국 사람들이 좋아하는 반려동물 Companion animals that Koreans like	가능성
쓰기 Writing • 설명하는 글쓰기 (인과 관계) Explanatory writing (Cause-and-effect relationship)	• 명에 의해(서) • 명마저			
듣기 Listening • 오해에 대한 대화 듣기 Conversation about misunderstandings • 생활 속 과학 상식에 대한 라디오 방송 듣기 Report about scientific common sense in life • 과학 원리에 대한 강연 듣기 Lecture on scientific principles	• 동-고도 • 명이 아니라 　동-는 게 아니라 　형-은 게 아니라 　명인 게 아니라	정전기를 이용한 단어 게임 Word game using static electricity	조상들의 지혜가 담긴 '설피' 'Seolpi' containing the wisdoms of ancestors Korean	않고도
쓰기 Writing • 설명하는 글쓰기 Explanatory writing	• 명뿐이다 　동형-을 뿐이다 　명일 뿐이다 • 동-는다는 명 　형-다는 명 　명이라는 명			
듣기 Listening • 도움에 감사하는 대화 듣기 Conversation about gratitude • 특별한 인연에 대한 라디오 사연 듣기 Radio story about special relationships • 주한 외국인의 인터뷰 듣기 Interview with a foreigner in Korea	• 동형-었더라면 　명이었더라면 • 동형-기는(요)	롤링 페이퍼 쓰기 Friends' notes	옷깃만 스쳐도 인연 Special bond	고맙기는요 (억양)
쓰기 Writing • 편지(이메일) 쓰기 Letter (email)	• 동형-었었- 　명이었었- • 동-곤 하다			

10 태도와 평가
Attitude & Assessment

10-1 태도
10-2 행동 평가

1 다른 사람의 어떤 태도가 여러분의 기분을 좋게 하거나 상하게 합니까?
2 어떤 삶의 태도가 스스로를 더 나은 사람으로 만든다고 생각합니까?

태도

1. 다음은 긍정적인 태도에 대한 표현입니다. 언제 이런 태도를 갖는지 이야기해 보세요.

2. 다음은 부정적인 태도에 대한 표현입니다. 언제 이런 태도를 갖는지 이야기해 보세요.

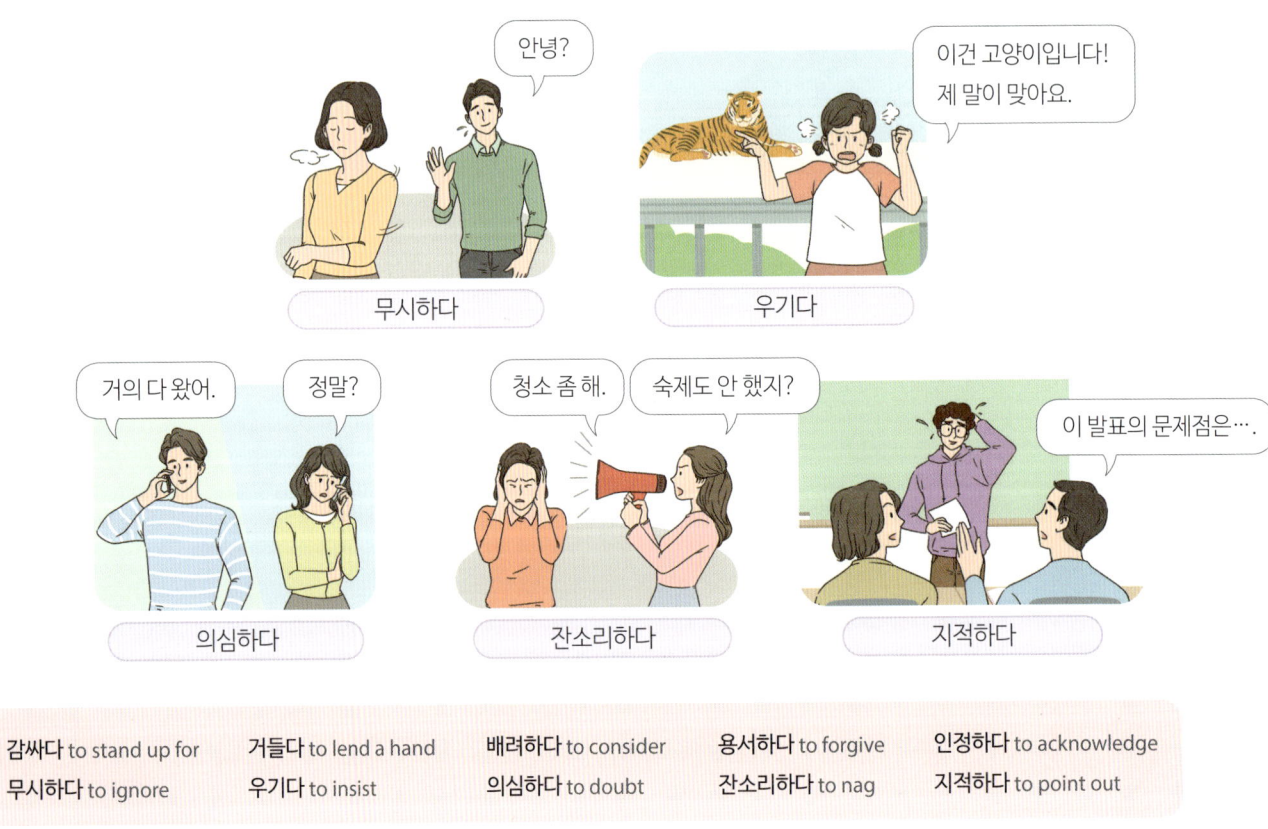

감싸다 to stand up for   거들다 to lend a hand   배려하다 to consider   용서하다 to forgive   인정하다 to acknowledge
무시하다 to ignore   우기다 to insist   의심하다 to doubt   잔소리하다 to nag   지적하다 to point out

Speaking 10-1 말하기

준비 1 어떤 부정적인 일이 있을지 이야기해 보세요.

> 가: 소날 씨 깜짝 생일 파티를 하기로 했잖아. 점심때 소날 씨 모르게 모여서 얘기할까?
> 나: 소날 씨를 빼고 점심을 먹으면 이상하게 **생각할 게 뻔해.**
> 가: 그렇겠구나. 그럼 수업 후에 만나자.

상황	예상
• 소날 씨를 위한 깜짝 생일 파티 계획 • 작년 축구 대회 우승 팀과 우리 팀의 예선 경기 • 약속 시간에 안 오고 연락도 안 되는 민우 씨 • 숙제를 할 때 틀린 한국어를 알려 준 테오 씨	• 소날 씨만 빼고 만나면 이상하게 생각할 것이다 • 우리 팀 선수 두 명이 부상을 당했으니까 질 것이다 • 매일 밤늦게까지 게임을 하니까 자고 있을 것이다 • 테오 씨는 항상 자기 생각이 맞는다고 생각하니까 또 우길 것이다

준비 2 상황을 보고 어떤 일을 했을지 이야기해 보세요.

> 가: 민우 씨, 어제 수업이 **끝나기가 무섭게** 나가던데 무슨 일이 있었어요?
> 나: 네. 오후에 면접시험이 있어서 빨리 가야 했어요.

1) 민우 씨가 수업이 끝나자마자 교실에서 나갔다.
 면접시험이 2시부터….

2) 제니 씨가 음식이 나온 지 10분도 안 되었는데 다 먹었다.
 아침을 안 먹었더니….

3) 다니엘 씨가 침대에 눕자마자 코를 골기 시작했다.
 하루 종일 뛰어다녔더니….

4) 테오 씨가 지하철 문이 열리자마자 지하철에서 뛰어나갔다.
 배가 너무 아파서….

문법과 표현
동/형 -을 게 뻔하다, 명 일 게 뻔하다 ☞ 4쪽
동 -기(가) 무섭게 ☞ 6쪽

면접시험 interview test   코를 골다 to snore

말하기 1 다음은 불만스러운 일에 대한 대화입니다. 불만과 부정적인 예상을 이야기해 보세요.

1 소날 씨에게 어떤 일이 있었습니까?
2 소날 씨는 남자 친구가 어떻게 할 거라고 예상하고 있습니까?

아야나: 소날 씨, 무슨 고민 있어요? 기분이 안 좋아 보여요.

소 날: 남자 친구 때문에 너무 속상해요.

아야나: 왜요? 무슨 일 있었어요?

소 날: 제가 회사 선배랑 프로젝트 준비를 하게 됐는데요. 제안서를 쓰다가 잘 모르는 한국말이 있어서 남자 친구한테 무슨 뜻이냐고 물어봤거든요. 그런데 말을 꺼내기가 무섭게 이런 쉬운 말도 모르냐면서 저를 무시하는 거예요. 그래서 싸우고 지금까지 연락도 안 하고 있어요.

아야나: 속상했겠네요. 하지만 소날 씨를 무시한 건 아닐 거예요. 소날 씨가 오해한 거 아닐까요?

소 날: 아니에요. 남자 친구는 평소에도 제 한국어 발음이 잘못됐다고 지적할 때가 많아요.

아야나: 소날 씨가 한국어를 더 잘하기 바라서 그런 걸 거예요. 남자 친구를 만나서 다시 이야기해 보세요. 화해도 하고요.

소 날: 남자 친구는 제가 사과를 할 때까지 연락을 안 해요. 제가 먼저 연락하면 또 제 잘못만 지적할 게 뻔해요.

아야나: 글쎄요. 제 생각에는 남자 친구도 지금쯤 후회하고 있을 것 같은데요.

불만 말하기

- 남자 친구에게 모르는 말을 물어봤는데 말을 꺼내자마자 나를 무시하는 말을 해서 싸웠다
- 동생이 시험 준비를 하는데 책을 펴기만 하면 잠을 자서 걱정이다
- 요즘 일이 바쁜데 여자 친구가 퇴근 시간만 되면 전화를 해서 회사에 눈치가 보인다
- 언니는 내가 새 옷을 사 놓으면 바로 몰래 입고 나간다

조언하기

- 남자 친구를 만나서 이야기해 보면?
- 지금부터라도 열심히 하면?
- 전화기를 꺼 놓으면?
- 언니에게 옷을 빌려주면?

부정적으로 예상하기

- 잘못만 지적할 것이다
- 시험에 떨어질 것이다
- 누구와 무엇을 하는지 따질 것이다
- 옷을 망가뜨릴 것이다

남자 친구에게 모르는 말을 물어봤는데 말을 **꺼내기가 무섭게** 이렇게 쉬운 말도 모르냐면서 저를 무시했어요.

제 잘못만 **지적할 게 뻔해요**.

무시한 건 아닐 거예요. 만나서 이야기해 보세요.

말하기 2 여러분도 다른 사람에게 불만을 느낀 적이 있습니까? 그 일이 해결될 수 있다고 예상합니까? 친구와 이야기해 보세요.

눈치가 보이다 to feel uncomfortable   망가뜨리다 to damage

Listening 듣기 10-1

준비 여러분은 이럴 때 어떻게 합니까?

상황
- 친구가 실수를 했다
- 회사 동료의 발표를 들었는데 잘못된 점이 있다
- 면접시험에 여러 번 떨어진 친구가 취업을 포기하려고 한다

> 저는 친구가 실수를 했을 때 지적하지 않는 편이에요.
> 다른 사람에게 지적받는 걸 불편해 하는 사람이 많으니까요.

듣기 1 다음은 책 소개 광고입니다. 잘 듣고 질문에 답해 보세요.

1 이 책에서는 어떤 것을 소개하고 있습니까? 모두 고르세요.
   - ☐ 왜 사람들이 듣지 않게 되었는가?
   - ☐ 어떻게 하면 다른 사람의 이야기를 잘 들어줄 수 있는가?
   - ☐ 다른 사람이 잘 들을 수 있도록 이야기하는 방법은 무엇인가?

2 이 책에 대한 사람들의 반응은 어떻습니까?

듣기 2 다음은 불만에 대한 대화입니다. 잘 듣고 질문에 답해 보세요.

1 진수에 대한 여자의 불만은 무엇입니까?

2 남자의 생각으로 가장 적절한 것을 고르세요.
   ① 진수가 잘못하지 않았다고 생각한다.
   ② 진수가 항상 친구들을 배려한다고 생각한다.
   ③ 여자가 다른 사람을 잘 이해해 준다고 생각한다.

진열되다 to be displayed

| 듣기 3 | 다음은 작가와의 대담입니다. 잘 듣고 질문에 답해 보세요. |

1. 작가가 소개한 '천재는 99%의 노력과 1%의 영감으로 만들어진다'라는 말은 무슨 뜻입니까?

① 노력이 가장 중요하다.
② 성공은 1%의 아주 적은 것이 결정한다.
③ 자기의 입장에서 생각하는 게 필요하다.

2. 작가가 독자들에게 하고 싶은 이야기는 무엇입니까?

① 대화할 때는 다른 사람의 반응을 신경 써야 한다.
② 사람들이 말하는 것은 의심하지 말고 받아들여야 한다.
③ 다른 사람의 이야기는 끝까지 들은 후에 결론을 내려야 한다.

친구들과 이야기해 보세요.

- 다른 사람의 이야기를 들을 때 어떤 태도로 듣는 게 좋을까요?
- 다른 사람이 여러분의 이야기를 잘 듣지 않았을 때 여러분은 어떻게 했습니까?

영감 inspiration 독자 reader 받아들이다 to accept 결론 conclusion 비결 secret 초점을 맞추다 to focus on
마음대로 as one pleases 판단하다 to judge

행동 평가

1. 다음은 성격과 행동에 대한 표현입니다. 여러분 주변에 이런 사람이 있습니까?

겸손하다　　공손하다　　세심하다

열정적이다　　신념을 지키다

2. '-심'은 마음을 의미하는 말입니다. 이런 마음을 가진 사람은 어떤 행동을 할지 이야기해 보세요.

겸손하다 to be humble　　공손하다 to be polite　　세심하다 to be meticulous　　열정적이다 to be passionate
신념을 지키다 to keep one's principles　　동정심 sympathy　　배려심 consideration　　이해심 understanding
인내심 patience　　존경심 admiration

읽기

준비 다음은 한국 사람들이 존경하는 인물에 대한 조사입니다. 정리해서 발표해 보세요.

한국인을 대상으로 _____ 이순신 장군이 1위로 꼽혔습니다. _____ **치고** 이순신 장군을 모르는 사람이 없을 정도로 이순신 장군은 한국인에게 잘 알려진 사람입니다. 이순신 장군을 존경하는 이유는 자신보다 '우리 편'을 중요하게 생각하고 아랫사람들을 배려했기 때문이라고 응답했습니다. 전쟁이 났을 때 어떤 사람들은 이순신 장군이 잘 싸울 수 있도록 _____ **기는커녕** 오히려 방해를 하기도 했습니다. 그렇지만 이순신 장군은 리더십과 지혜를 바탕으로 나라를 구하기 위해 끝까지 노력했기 때문에 한국인들은 이순신 장군에게 존경심을 가지고 있습니다.

아랫사람 person who is younger, or junior in status or position   지혜 wisdom

읽기 1 다음은 명언에 대한 기사입니다. 잘 읽고 질문에 답해 보세요.

포기하려는 그때가 성공에 가장 가까운 순간이다

- 2003년 일곱 살 때 태권도 시작.
- 2015년 국제 대회 첫 우승.
- 2018년 부상 때문에 국제 대회는커녕 국내 대회에도 출전하지 못함. 포기하지 않고 인내심을 가지고 훈련함.
- 2020년 올림픽에서 동메달을 땀.

"물은 100℃가 되어야 끓습니다. 포기하고 싶었던 적이 많지만 그때마다 지금이 100℃에 가장 가까운 순간이라고 생각했습니다. 끝까지 노력하는 사람치고 성공하지 못하는 사람은 없습니다. 마지막 1℃를 높이기 위해 열정적으로 훈련하는 것, 그것이 제가 할 수 있는 최선이었습니다."

1 이 사람에 대한 설명으로 맞는 것을 고르세요.

① 부상을 당한 후에도 훈련을 계속했다.
② 일곱 살이 되었을 때 대회에 처음 출전했다.
③ 2018년에 국제 대회와 국내 대회에서 우승했다.

2 이 사람이 한 말의 뜻은 무엇입니까?

① 목표를 세워야 한다.
② 끝까지 노력해야 한다.
③ 좋은 습관을 가져야 한다.

순간 moment   끓다 to boil   최선 the utmost

읽기 2 다음은 인물을 평가한 블로그 글입니다. 잘 읽고 질문에 답해 보세요.

〈마리안느와 마가렛 수녀님〉

우리가 어떻게 살지 마음을 먹어도 그런 태도로 평생을 살기는 쉽지 않다. 힘든 일임에도 불구하고 자신의 신념을 지키면서 살아온 사람들이 있다. 바로 평생 한센병 환자들을 보살핀 마리안느와 마가렛 수녀님이다.

한국 전라남도에는 한센병 환자들을 모아 치료해 온 소록도라는 섬이 있다. 당시 사람들은 한센병 환자와 같은 방에 있기만 해도 병이 전염된다고 생각했기 때문에 환자 근처에 가기를 꺼렸다. 그래서 한센병 환자들은 가족과 함께 살기는커녕 병이 낫기 전에는 소록도 밖으로 나갈 수도 없었다. 하지만 마리안느와 마가렛 수녀님은 소록도에 간호사가 필요하다는 소식을 듣자마자 소록도로 향했다.

소록도에 있는 두 수녀님의 방문 앞에는 '착하고 겸손하게 살자'는 글이 붙어 있었다고 한다. 마리안느와 마가렛 수녀님은 43년간 소록도에서 환자들과 함께 살며 그들을 세심하게 돌봤고 환자들을 위한 일이라면 무엇이든 망설이지 않았다. 자신의 생활비를 아껴서 환자들에게 음식을 베풀었으며 건강해져서 섬을 떠나는 사람들에게는 교통비를 주기도 했다. 소록도에 있는 환자치고 두 수녀님의 도움을 받지 않은 사람은 없었다.

수녀님들의 선행이 알려지고 나서 정부와 언론에서는 여러 번 인터뷰를 요청하고 상도 주려고 했지만 두 수녀님은 자신들의 행동이 상을 받을 일이 아니라며 겸손하게 거절했다. 그러던 어느 날 두 수녀님은 편지 한 통만 남긴 채 아무도 모르게 소록도를 떠났다. 나이가 들고 몸이 불편해져서 자기들이 소록도 사람들에게 피해를 줄까 봐 조용히 떠난 것이었다.

두 수녀님이 떠난 후 소록도 사람들은 수녀님들을 위해 기도하고 그리워했다. 수녀님들은 배려심과 이해심으로 몸의 상처뿐만 아니라 마음의 상처도 치료해 주었다. 두 수녀님의 일생에 대한 이야기를 들은 사람치고 존경심을 갖지 않는 사람은 없을 것이다. 이 존경심은 두 분의 따뜻한 배려에 대한 것일 뿐만 아니라 평생을 자신의 신념대로 살아온 의지에 대한 것이기도 하다.

1 소록도는 어떤 곳입니까?

2 두 수녀님에 대한 설명으로 맞는 것을 고르세요.
① 처음에는 소록도에 가는 것을 망설였다.
② 한센병 환자들을 간호하고 음식을 나눠 줬다.
③ 죽을 때까지 소록도의 환자들을 위해 일했다.

3 이 글을 읽은 후 보일 수 있는 반응으로 가장 적절한 것을 고르세요.
① 신념을 지키는 것은 누구나 할 수 있는 일이지.
② 착하게 살아도 다른 사람에게 상처를 줄 수가 있어.
③ 다른 사람에 대한 배려심과 이해심을 가진 사람은 존경받을 만해.

 여러분이 인생에서 가장 중요하다고 생각하는 것은 무엇입니까?

한센병 leprosy   보살피다 to look after   수녀님 sister   전염되다 to be contagious   꺼리다 to be reluctant   베풀다 to give out
선행 good deed   언론 press   통 counting unit for letters   그리워하다 to miss   일생 one's whole life   의지 will

Writing 쓰기 10-2

준비 여러분의 기억에 남는 명언이 있습니까? 어떤 상황에서 말할 수 있습니까?

- 포기하려는 그때가 성공에 가장 가까운 순간이다.
- 성공한 사람치고 한 번에 모든 걸 얻은 사람은 없다.

여러분이 인생에서 중요하다고 생각하는 태도와 그 이유를 메모하고 어떤 명언을 만들지 생각해 보세요.

태도와 이유	명언
• 겸손한 태도 • 겸손한 사람들은 다른 사람들을 배려하기 때문에.	겸손한 사람치고 배려심이 없는 사람은 없다.

 저는 인생에서 겸손한 태도가 가장 중요하다고 생각해요. 왜냐하면 겸손한 사람들은···.

쓰기 위에서 이야기한 것을 바탕으로 여러분의 인생을 위한 명언과 그 명언을 중요하게 생각하는 이유를 써 보세요.

과제

💬 **친구와 함께 다른 사람을 대할 때 해야 하는 행동과 하지 말아야 하는 행동에 대한 목록을 작성해 보세요.**

해야 하는 행동	하지 말아야 하는 행동
•	•
•	•
•	•
•	•
•	•

준비 **긍정적인 태도와 부정적인 태도를 분류해 보세요.**

다른 사람을 배려하는 태도 내 생각을 무조건 우기는 태도 잘못을 용서하는 태도
다른 사람의 의견을 무시하는 태도 다른 사람의 실수를 감싸는 태도 다른 사람을 의심하는 태도
다른 사람의 실수를 지적하는 태도 다른 사람의 능력을 인정해 주는 태도

긍정적인 태도	부정적인 태도

분류하다 to sort

1. 여러분은 상대방이 어떤 태도를 보일 때 기분이 좋았습니까? 또 어떤 태도를 보일 때 기분이 나빴습니까?

기분이 좋은 태도	기분이 나쁜 태도
	· · · · · ·

2. 위에서 이야기한 것을 바탕으로 긍정적, 부정적 태도 목록을 만들어 보세요.

해야 하는 행동	하지 말아야 하는 행동

3. 위에서 만든 목록을 발표해 보세요.

벼는 익을수록 고개를 숙인다

벼는 한국에서 자주 볼 수 있는 작물입니다. 벼는 가을이 되면 쌀알의 무게 때문에 고개를 숙입니다. 이 모습은 겸손한 사람이 공손하게 인사를 하는 것처럼 보입니다. 사람들은 능력이 생기거나 지식이 많아지면 자신을 자랑하게 됩니다. 그러나 훌륭한 사람은 자신의 능력을 자랑하지 않고 오히려 겸손한 태도를 보여 줍니다. 그래서 벼는 익을수록 고개를 숙인다는 속담은 지식이 많은 사람일수록 잘난 척하지 않고 겸손하게 행동한다는 것을 의미합니다. 여러분 나라에서도 이런 태도를 표현하는 말이 있습니까?

발음 / Pronunciation

제 잘못만 **지적할 게 뻔해요**.

'-을 게 뻔하다'는 '뻔'을 조금 길게 늘여서 말합니다.

 늦잠 자는 걸 보니 밤새 게임을 했을 게 뻔해.
그 친구는 약속 시간에 항상 늦으니까 오늘도 늦게 올 게 뻔해요.

자기 평가 / Self-Check

- ☐ 다른 사람의 태도에 대한 불만을 표현할 수 있다.
- ☐ 인생에 영향을 준 명언을 소개할 수 있다.
- ☐ 긍정적인 태도와 부정적인 태도 목록을 작성하고 발표할 수 있다.

11

대인 관계 Human Relationship

- **11-1** 부탁과 거절
- **11-2** 사회생활

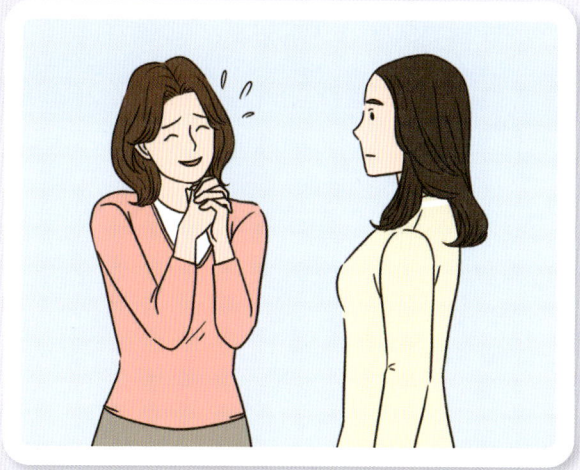

1 여러분은 어떤 부탁을 받을 때 부담스럽습니까?
2 여러분은 주변 사람들과의 관계에서 어떤 점에 가장 신경을 씁니까?

11-1 부탁과 거절

1 다음은 부탁과 거절에 대한 표현입니다. 상황에 맞는 표현을 골라 보세요.

간접적으로 거절하다   도움을 청하다   솔직하게 말하다   직접적으로 부탁하다   핑계를 대다

1) 친한 친구에게 만 원만 빌려 달라고 했더니 바로 빌려줬어요.

2) 계단에서 넘어져서 다리를 다쳤어요. 지나가던 사람한테 도와 달라고 했어요.

3) 늦게 일어나서 약속 시간에 늦었는데 친구가 화를 낼까 봐 길이 막혔다고 거짓말했어요.

4) 여자 친구가 만든 음식이 너무 싱거워서 다음부터는 소금을 더 넣는 게 좋겠다고 말했어요.

5) 친구가 숙제를 도와 달라고 했는데 나보다는 민우 씨가 더 잘하니까 민우에게 부탁하라고 했어요.

2 다음은 부탁하거나 거절하기 어려운 이유에 대한 표현입니다. 여러분도 이런 적이 있었습니까?

간접적으로 거절하다 to refuse indirectly
직접적으로 부탁하다 to ask directly
서운하다/서운해하다 to be saddened
부담을 주다 to put a burden on

도움을 청하다 to ask for help
핑계를 대다 to make an excuse
쑥스럽다 to be shy
어색하다/어색해지다 to be awkward

솔직하게 말하다 to speak frankly
번거롭다 to be cumbersome
손해를 보다 to suffer a loss

Speaking 말하기 11-1

준비 1 다음 상황에 맞게 친구에게 부탁해 보세요.

> 가: 민우야, 토요일에 바빠? 시간이 **있거든** 나랑 같이 책 사러 광화문에 갈래?
> 나: 좋아. 지난주에 시험이 끝나서 시간 괜찮아. 나도 살 것도 있고.

- 주말에 친구에게 시간이 있으면 같이 쇼핑하러 가자고 할 때
- 후배 직원에게 회의 자료 준비가 끝나면 보내 달라고 할 때
- 여행을 좋아하는 친구에게 좋은 여행지를 알면 추천해 달라고 할 때
- 커피를 마시고 싶은데 친구가 카페에 가는 것 같아서 커피를 사다 달라고 부탁할 때

준비 2 정확한 이유에 대해서 친구와 이야기해 보세요.

> 가: 그거 왜 안 사? 마음에 안 들어?
> 나: 아니, 마음에 **안 든다기보다는** 다른 것도 본 후에 사고 싶어서….

1)
그거 왜 안 사? 마음에 안 들어?
마음에 안 들다(×)/다른 것도 보고 싶다(○)

2)
왜 안 먹어요? 맛이 없어요?
맛이 없다(×)/뜨겁다(○)

3)
보고서 내용이 별로예요?
별로이다(×)/비슷한 내용을 본 적이 있다(○)

4)
잡채 만들기가 어려워요?
어렵다(×)/과정이 번거롭다(○)

문법과 표현
동 형 -거든 ☞ 9쪽
동 -는다기보다는, 형 -다기보다는, 명 이라기보다는 ☞ 10쪽

자료 material   잡채 Japchae

말하기 1 다음은 부탁과 거절에 대한 대화입니다. 친구에게 부탁하고 이유를 들어 거절해 보세요.

1 여자는 무엇을 하자고 했습니까?
2 남자는 어떤 이유를 들어 거절했습니까?

소날: 테오야, 밥 먹었어? 좀 이따가 자밀라가 온다는데 아직 안 먹었거든 같이 먹자.

테오: 난 괜찮아. 너희끼리 가. 별로 입맛이 없어.

소날: 왜? 같이 먹자.

테오: 아냐. 자밀라랑 둘이 먹어.

소날: 혹시 너 오기 전에 뭐 먹고 왔어?

테오: 그건 아니고….

소날: 그러면 왜 그래? 자밀라랑 밥 먹기 어색해서 그래?

테오: 아니야. 같이 밥 먹는 게 어색하다기보다는 밥 먹으러 갈 시간이 없어서 그래.

소날: 그러지 말고 급한 일 아니면 같이 가자.

테오: 내일 발표도 있고 준비할 게 많아. 다음에 같이 가자.

부탁하기	거절하기
• 별로 친하지 않은 친구와 밥을 먹자는 부탁 • 친구 선물을 같이 사러 가자는 부탁 • 식당에 먼저 가서 자리를 맡아 달라는 부탁 • 수업 필기한 공책을 빌려 달라는 부탁	• 입맛이 없다 • 같이 가기 힘들다 • 어렵다 • 안 되다
거절 이유 추측하기	거절하는 정확한 이유 말하기
• 어색해서? • 시간이 없어서? • 혼자 기다리기 창피해서? • 보여 주기 싫어서?	• 내일 발표 준비가 있어서 바쁘다 • 먼저 해야 할 일이 있다 • 다른 사람들 눈치가 보이다 • 나도 정리를 다 못 하다

다음 수업 끝나고 뭐해? 별일 **없거든** 자밀라랑 같이 밥 먹으러 갈래?

난 괜찮아. 너희끼리 가. 별로 입맛이 없어.

혹시 자밀라랑 밥 먹기 어색해서 그래?

어색하다기보다는 내일 발표 준비도 해야 해서 시간이 별로 없어.

말하기 2 여러분이 가장 많이 거절하는 일은 무엇입니까? 그때 어떤 이유를 들어서 거절합니까?

저는 친구가 같이 쇼핑하자는 부탁을 할 때 거절하는 편이에요. 저는 필요할 때만 쇼핑을 하는데 친구를 따라다니면 시간도 낭비하고 손해를 보는 것 같아서요. 그래서 바쁘다는 핑계를 대요.

필기하다 to take notes

준비 여러분은 다른 사람에게 부탁하거나 거절하지 못하는 이유가 있습니까? 친구와 이야기해 보세요.

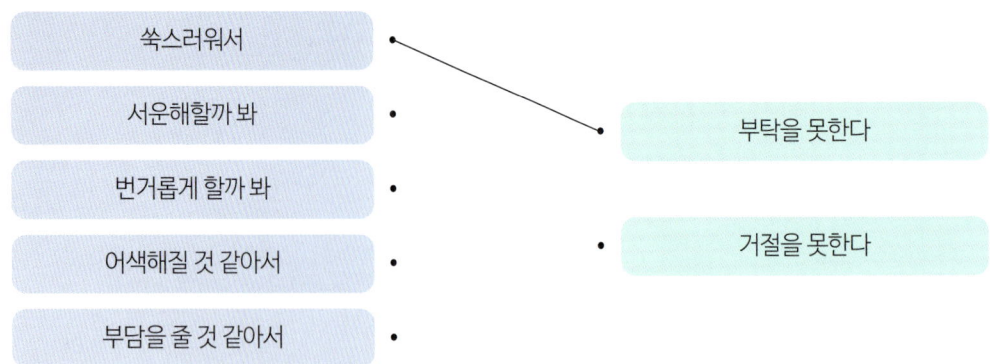

듣기 1 다음은 소개팅에 대한 대화입니다. 잘 듣고 질문에 답해 보세요.

1 남자는 여자에게 누구를 소개하려고 합니까?

2 여자는 지금 무엇을 하고 있습니까?

① 부탁하고 있다.
② 칭찬하고 있다.
③ 거절하고 있다.

듣기 2 다음은 거절에 대한 대화입니다. 잘 듣고 질문에 답해 보세요.

1 남자는 선생님이 여자의 부탁을 거절한 이유가 뭐라고 생각합니까?

2 선생님께 공손하게 추천서를 부탁하려면 어떻게 말해야 합니까?

추천서 recommendation letter   돌려서 말하다 to say in a roundabout way

듣기 3 다음은 전문가와의 대담입니다. 잘 듣고 질문에 답해 보세요.

소통 전문가 김은준 박사

1 대담의 내용과 같은 것을 고르세요.

① 거절을 잘하면 부탁한 사람은 서운해하지 않는다.
② 부탁을 듣자마자 거절해야 상대방이 시간을 낭비하지 않을 수 있다.
③ 부탁한 사람이 싫어서 거절하는 것이 아니라는 것을 이야기해야 한다.

2 대담에서 소개한 거절의 예로 가장 적절한 것을 고르세요.

① 이 일을 할 수 없다기보다는 네가 부탁해서 들어줄 수가 없어.
② 내가 이번 주는 일도 많고 몸도 좀 안 좋아. 다음 주에도 바쁠 것 같아.
③ 나도 도와주고 싶은데 이 일은 내 능력 밖의 일인 것 같아. 정말 미안해.

친구들과 이야기해 보세요.

• 여러분은 부탁하는 상대에 따라 거절 방법이 달라집니까? (가족, 상사, 친구…)
• 부탁을 한 후 거절당했지만 기분이 나쁘지 않았던 경험이 있습니까?

소통 communication   원칙 principle   괜히 in vain   이런저런 this and that   감정 feeling   어설프다 to be clumsy

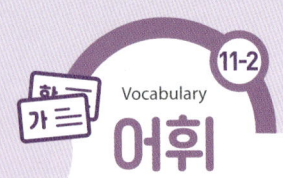

사회생활

1 다음은 성격과 행동에 대한 표현입니다. 어떤 상황에서 이 표현들을 사용할 수 있습니까?

2 '-스럽다'는 어떤 성질이 있음을 의미합니다. 상황에 맞는 표현을 연결해 보세요.

1) 사고가 났는데 다치지 않았어요. • • 다행스럽다
2) 음식값을 계산하려고 했는데 지갑이 없어요. • • 당황스럽다
3) 얼음 위를 걸어가는데 넘어질까 봐 걱정이에요. • • 부담스럽다
4) 엥흐 씨의 발음과 억양이 한국 사람처럼 좋아요. • • 자연스럽다
5) 한두 번 만난 사람이 백만 원을 빌려 달라고 했어요. • • 조심스럽다

두렵다 to be scared   적절하다 to be appropriate   원만하다 to get along
다름을 인정하다 to acknowledge the differences   좋은 관계를 유지하다 to maintain a good relationship
다행스럽다 to be a relief   당황스럽다 to be flustered   부담스럽다 to feel burdened
자연스럽다 to be natural   조심스럽다 to be cautious

읽기

준비 다음은 책 광고입니다. 내용을 정리해서 이야기해 보세요.

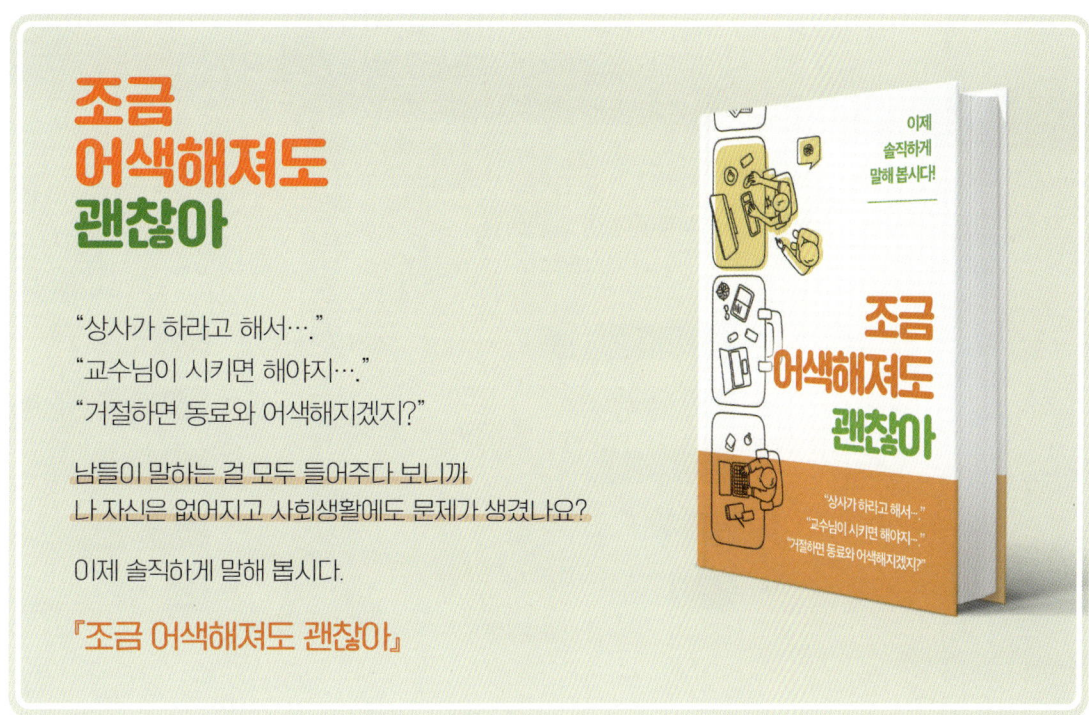

이 책은 사회생활을 하는 사람들에게 필요한 책입니다. 이 책에서는 무조건 _____ **는 대로** 하면 자신뿐만 아니라 사회생활에도 문제가 _____ **으므로** 솔직히 자신의 생각을 말해야 한다고 조언하고 있습니다.

읽기 1 다음은 대인 관계에 대한 기사의 일부입니다. 잘 읽고 질문에 답해 보세요.

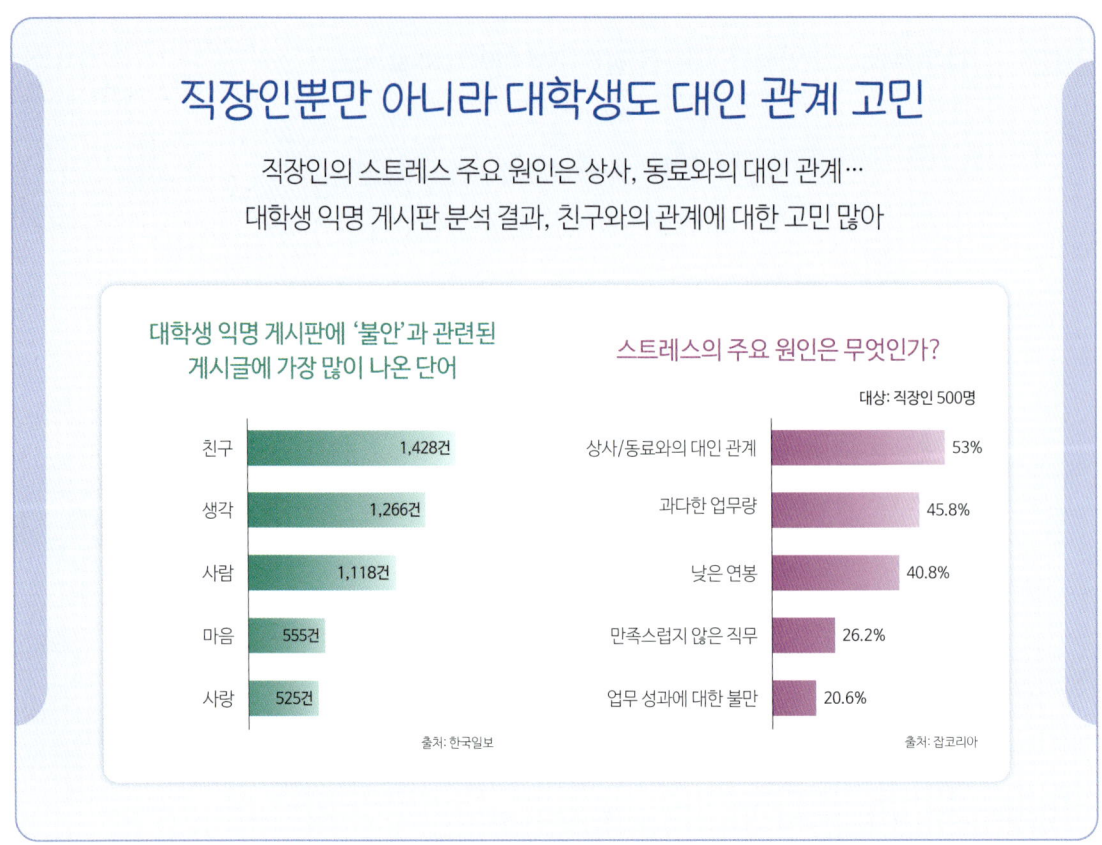

1. 직장인과 대학생의 고민은 무엇입니까?

2. 기사의 내용과 일치하면 ○, 일치하지 않으면 × 하세요.

   1) 대학생에게 불안을 느끼는 원인에 대해 설문 조사를 했다. ( )
   2) 직장인의 과반수가 업무 성과에 대한 불만을 스트레스의 원인으로 꼽았다. ( )

익명 anonymity

읽기 2 다음은 사회생활에 대한 칼럼입니다. 잘 읽고 질문에 답해 보세요.

최근 한 기사에 의하면 대학생들의 고민 1위는 취업이 아닌 '대인 관계'로 나타났다. 직장인들 역시 대인 관계 때문에 가장 많은 스트레스를 받는 것으로 조사되었다. 사회생활을 잘하기 위해서는 어떻게 해야 할까?

1. 잘 듣고 적절한 반응을 보일 것

상대방의 말을 들을 때 자연스럽게 맞장구를 치고 칭찬을 자주 하는 것이 좋다. 그러나 무조건 "좋아요"와 같은 칭찬을 하거나 항상 "네, 네"하고 맞장구를 치면 성의 없다는 인상을 줄 수 있으므로 피해야 한다.

2. 할 수 없는 일은 분명하게 거절하고, 할 수 없는 이유를 솔직하게 말할 것

거절을 하면 좋은 관계를 유지하기 어렵고 사이가 어색해진다고 믿는 사람들이 많다. 그러나 무리해서 부탁을 들어주다 보면 그 사람과의 관계가 점점 부담스러워질 뿐만 아니라 약속을 어기게 되는 일도 생길 수 있다. 들어줄 수 없는 부탁이라면 솔직하게 이유를 이야기하고 거절할 필요가 있다.

3. 상대방과 다름을 인정할 것

내 생각대로 상대방을 평가하지 말고 '그럴 수도 있지'라고 생각해야 한다. 사람들은 다 다를 수밖에 없다. '나는 그렇게 하지 않는데 저 사람은 왜 저러지?'라는 생각을 하는 순간, 사회생활은 더 어려워질 것이다.

4. 상대방과 다른 의견을 조심스럽게 제시할 것

상대방, 특히 윗사람과 다른 의견을 말하지 않는 사람들이 있다. 또 윗사람이 시키는 대로 했는데 상사의 뜻을 오해해서 일을 잘못하는 경우도 종종 있다. 질문하는 것을 두려워하지 말고 잘 모를 때는 질문을 해서 상사가 시킨 일을 정확히 파악하는 것이 중요하다. 그리고 반대 의견이 있다면 '~하면 ~와 같은 문제가 생기지 않을까 걱정됩니다' 처럼 조심스럽게 의견을 제시해 보는 것도 좋은 방법이다.

1 이 글의 중심 내용은 무엇입니까?

① 직장인들의 스트레스 원인
② 사회생활을 잘하기 위한 비결
③ 상대방의 부탁을 거절하는 방법

2 이 글의 내용과 일치하는 것을 고르세요.

① 좋은 관계를 유지하고 싶을 때는 부탁을 들어주는 것이 가장 좋은 방법이다.
② 내 생각과 다른 사람의 생각이 다를 때는 상대방을 설득하려고 노력해야 한다.
③ 상사가 지시한 것을 이해하기 어려울 때는 질문을 통해 지시 내용을 파악해야 한다.

여러분은 사회생활을 하면서 어떤 고민을 했습니까? 그 고민을 어떻게 해결했습니까?

반응 reaction   맞장구를 치다 to chime in   성의 sincerity   인상을 주다 to make an impression
윗사람 person who is older, or senior in status or position   파악하다 to identify   설득하다 to persuade   지시하다 to instruct

11-2 Writing 쓰기

준비 여러분은 대인 관계에서 가장 어려운 것이 무엇이라고 생각합니까?

- ☐ 부담스러운 부탁을 하는 것
- ☐ 상대방의 부탁을 거절하는 것
- ☐ 상대방과 다른 의견을 이야기하는 것
- ☐ 칭찬을 받았을 때 자연스럽게 반응하는 것

💬 아래에 메모하고 친구와 이야기해 보세요.

대인 관계에서 어려운 것	
그 이유	
잘할 수 있는 방법	

> 저는 다른 사람한테 칭찬을 들으면 어떻게 반응해야 할지 잘 모르겠어요. 제 능력에 대한 칭찬을 들었을 때 그 칭찬을 인정하면 잘난 척한다고 생각할 것 같아요. 그렇다고 제가 잘해서 좋은 결과가 나온 게 아니라고 하면 사람들이 그 말을 그대로 믿을까 봐 걱정돼요.

> 저도 그럴 때 너무 어려워요. 그래서 감사하다고 말하고 조용히 웃는 편이에요.

쓰기 위에서 이야기한 것을 바탕으로 대인 관계를 원만하게 유지할 수 있는 방법에 대해 써 보세요.

🗨 **부담스럽지 않게 부탁하고, 친구의 기분이 상하지 않게 거절해 보세요.**

준비 **부탁하고 거절할 때 사용할 수 있는 표현들을 확인해 보세요.**

혹시 지금 시간이 있거든 좀 _____ 줄 수 있어?
번거롭게 해서 미안한데 _____ 주면 안 될까?
잠깐 할 말이 있는데 네가 _____ 줬으면 좋겠어.

미안한데 좀 힘들 것 같아.
나보다는 다른 사람이 잘할 것 같은데….
내가 지금 좀 바빠서… 다음에 도와줄게.

과제

1. 거절하는 친구들은 앞을 보고 한 줄로 섭니다.

2. 부탁하는 친구들은 서 있는 친구들에게 가서 차례대로 부탁을 합니다. 부탁을 받은 친구는 거절을 합니다.

3. 부탁을 다 끝낸 친구는 거절을 가장 잘한 친구에게 스티커를 줍니다. 거절을 다 한 친구는 부탁을 가장 잘한 친구에게 스티커를 줍니다. 누가 스티커를 가장 많이 받았습니까?

4. 친구의 부탁을 거절했어야 하는데 거절하지 못하고 들어준 경우가 있습니까? 왜 부탁을 들어줬습니까? 이유를 이야기해 보세요.

부탁을 하면서 너무 미안해했을 뿐만 아니라 저에게 최대한 부담을 주지 않으려고 노력하는 모습 때문에 부탁을 들어줬습니다.

말이 고마우면 비지 사러 갔다가 두부 사 온다

> 한국어 속담에 '말이 고마우면 비지 사러 갔다가 두부 사 온다'는 말이 있습니다. 말을 어떻게 하느냐에 따라서 상대방이 받는 느낌이 달라진다는 뜻입니다. 어떻게 말하느냐에 따라 그 부탁을 들어줄 수도 있고 거절할 수도 있습니다. 이를 잘 보여주는 옛날이야기가 있습니다.
>
> "어이, 김가! 고기 한 근 줘!" 고기를 사러 간 양반 한 명이 말을 했습니다. 그러자 주인은 바로 고기를 한 덩이 잘라 주었습니다. 옆에 있던 다른 양반이 "김 서방, 고생이 많으시오. 수고스럽겠지만 고기 한 근 주시겠소?"라고 말하자 조금 전에 주었던 고기보다 훨씬 더 많은 고기를 주었습니다. 처음 고기를 받은 양반이 화를 내며 따졌습니다. "왜 같은 한 근인데 내 고기랑 저 양반 고기랑 양이 달라?" 그러자 고깃집 주인은 "조금 전에 드린 고기는 김가가 자른 고기이고 방금 자른 고기는 김 서방이 자른 고기입니다."라고 대답했습니다.

발음 Pronunciation

좀 이따가 자밀라가 온다는데 아직 **안 먹었거든** 같이 먹자.

'-거든'은 끝을 약간 올려서 말합니다.

예 **별일 없거든** 같이 밥 먹으러 가자.
   시간이 있거든 나랑 같이 책 사러 광화문에 갈래?

자기 평가 Self-Check

☐ 정확한 이유를 설명해서 부탁이나 거절을 할 수 있다.
☐ 대인 관계를 잘하기 위한 방법에 대한 글을 쓸 수 있다.
☐ 여러 상황에 맞게 부탁과 거절을 할 수 있다.

12 옛날이야기의 교훈 Morals from Old Stories

12-1 속담과 생활

12-2 옛날이야기

1 여러분이 알고 있는 한국 속담이 있습니까?
2 여러분 나라에서 잘 알려진 옛날이야기에는 어떤 것이 있습니까?

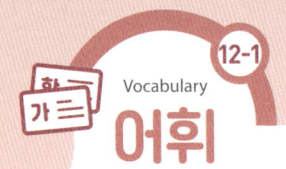

속담과 생활

1 다음은 한국의 속담입니다. 어떤 상황에서 이 속담을 사용할 수 있는지 이야기해 보세요.

그림의 떡이다

작은 고추가 맵다

하늘의 별 따기이다

누워서 침 뱉기이다

티끌 모아 태산이다

남의 떡이 더 커 보인다

미운 아이 떡 하나 더 준다

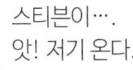

호랑이도 제 말 하면 온다

보기 좋은 떡이 먹기도 좋다

개구리 올챙이 적 생각 못 한다

원숭이도 나무에서 떨어질 때가 있다

떡 줄 사람은 생각지도 않는데 김칫국부터 마신다

그림의 떡이다 pie in the sky   작은 고추가 맵다 a little goes a long way   하늘의 별 따기이다 to ask for the moon
누워서 침 뱉기이다 cut off one's nose to spite one's face   티끌 모아 태산이다 light gains make heavy purse
남의 떡이 더 커 보인다 grass is greener on the other side of the fence   미운 아이 떡 하나 더 준다 kill someone with kindness
호랑이도 제 말 하면 온다 talk of the devil   보기 좋은 떡이 먹기도 좋다 taste as good as it looks
개구리 올챙이 적 생각 못 한다 danger past, God forgotten   원숭이도 나무에서 떨어질 때가 있다 even Homer sometimes nods
떡 줄 사람은 생각지도 않는데 김칫국부터 마신다 don't count your chickens before they hatch

준비 1 속담을 인용해서 이야기해 보세요.

가: 저 선수는 다른 선수보다 키가 작은데도 키가 큰 선수들보다 실력이 훨씬 뛰어나네요.
나: **작은 고추가 맵다더니** 정말 대단해요.

상황	속담
• 키가 작은 농구 선수의 실력이 뛰어나다 • 백 원짜리 동전을 1년 동안 모았는데 십만 원이 넘었다 • 테오 씨가 동생과 싸운 이야기를 자주 하면서 동생을 욕한다 • 나나 씨가 싫어하는 직장 상사에게 웃으면서 선물을 주는 것을 봤다 • 친구와 제니 씨에 대해 이야기하고 있는데 제니 씨가 저쪽에서 오고 있다	• 작은 고추가 맵다 • 티끌 모아 태산이다 • 누워서 침 뱉는다 • 미운 아이 떡 하나 더 준다 • 호랑이도 제 말 하면 온다

준비 2 친구의 걱정에 대해 자신의 추측을 이야기해 보세요.

가: 저녁에 야구 경기를 보러 가죠? 추울 수도 있으니까 옷을 따뜻하게 입고 가세요. 담요도 하나 가지고 가고요.
나: 지금이 6월인데 **설마 춥겠어요?**

1) 야구장에 갈 때 추울 수도 있으니까….
   지금이 6월인데…?

2) 그렇게 휴대폰에 앱을 많이 설치하면 속도가 느려질 수 있으니까….
   새로 산 휴대폰인데…?

3) 내일 한국어 면접이 있는데 질문을 이해하지 못할까 봐….
   한국어를 배운 지 2년이 넘었는데…?

4) 하이 씨가 고향에 돌아간다고 거짓말을….
   항상 솔직하게 말하는 친구인데…?

문법과 표현
동-는다더니, 형-다더니, 명이라더니 ☞ 14쪽
설마 동 형 -겠어(요)? ☞ 16쪽

인용하다 to quote   욕하다 to swear   담요 blanket

Speaking 말하기 12-1

말하기 1 다음은 아르바이트 지원에 대한 대화입니다. 다음 상황에 대해 예상해서 이야기해 보세요.

1. 여자는 무엇을 하려고 합니까?
2. 남자는 아르바이트를 구하는 일에 대해 어떻게 생각합니까?

자밀라: 민우 씨, 안녕하세요? 잘 지냈어요?

민　우: 자밀라 씨, 안녕하세요? 혹시 아직 점심 안 먹었으면 저랑 밥 먹으러 갈래요?

자밀라: 전 못 갈 것 같아요. 지금 학교에서 입학시험을 보조할 아르바이트생을 뽑는다고 해서 지원서를 내러 가거든요.

민　우: 자밀라 씨는 지난번에도 비슷한 아르바이트를 했잖아요. 경험이 있으니까 꼭 뽑힐 거예요. 아르바이트는 언제부터 하는데요?

자밀라: 다음 주부터 일주일 동안요. 학교에서 모집하는 아르바이트는 경쟁률이 아주 높대요.

민　우: 그럼 시험 기간하고 겹치네요. 시험공부도 해야 할 텐데 설마 학생들이 많이 지원하겠어요?

자밀라: 이번엔 두 명 뽑는데 벌써 지원한 사람이 많대요. 저도 뽑힐 거라고 기대는 안 하는데 그냥 한번 지원해 보는 거예요.

민　우: 아르바이트 구하기가 그렇게 힘든 줄 몰랐어요.

자밀라: 그러게요. 요즘 아르바이트 구하기가 하늘의 별 따기라더니 사람들이 어떤 아르바이트나 많이 지원하는 것 같아요.

민　우: 그렇군요. 아무튼 잘됐으면 좋겠네요.

보조하다 to assist　　겹치다 to overlap　　아무튼 anyway

상황
- 학교에서 입학시험을 도와줄 아르바이트생 두 명을 모집하고 있는데 경쟁률이 높다
- 운전 경력이 5년 된 크리스 씨가 운전을 하면서 다른 운전자가 운전을 못한다고 짜증을 냈다
- 유명한 요리사가 만든 음식이 너무 달고 간이 안 맞는다
- 복권을 산 친구가 곧 복권에 당첨될 거라고 생각하면서 평소에 갖고 싶었던 물건을 샀다

추측하기
- 시험 기간이라서 지원자가 많을 리가 없다
- 크리스 씨가 다른 사람을 무시했을 리가 없다
- 유명한 요리사니까 실수했을 리가 없다
- 복권에 당첨될 리가 없다

속담
- 하늘의 별 따기이다 / 사람들이 많이 지원하다
- 개구리 올챙이 적 생각 못 한다 / 초보 운전자라고 무시하다
- 원숭이도 나무에서 떨어질 때가 있다 / 소금 대신 설탕을 넣다
- 떡 줄 사람은 생각지도 않는데 김칫국부터 마신다 / 아직 복권에 당첨되지도 않았는데 돈부터 쓰다

아르바이트 경쟁률이 높대요.
아르바이트 구하기가 **하늘의 별 따기라더니** 사람들이 많이 지원하는 것 같아요.

시험 기간인데 **설마 지원자가 많겠어요**?

말하기 2 다음 속담과 같은 상황을 경험한 적이 있습니까? 친구와 이야기해 보세요.

- 티끌 모아 태산이다
- 누워서 침 뱉기이다
- 남의 떡이 더 커 보인다
- 호랑이도 제 말 하면 온다

경력 work experience 간이 맞다 to be well-seasoned 복권 lottery 당첨되다 to win 초보 novice

준비 여러분 나라의 속담이나 표현에 자주 등장하는 음식이 있습니까? 그 음식이 자주 등장하는 이유는 무엇입니까?

듣기 1 다음은 두 친구의 대화입니다. 잘 듣고 질문에 답해 보세요.

1 내용과 일치하면 ○, 일치하지 않으면 × 하세요.

1) 여자는 진수와 사이가 안 좋다. ( )
2) 여자는 진수가 자기에게 잘해 줘서 부담스러워 한다. ( )

2 남자가 이야기한 속담은 무엇입니까?

듣기 2 다음은 생활 정보 방송입니다. 잘 듣고 질문에 답해 보세요.

1 들은 내용과 같은 것을 고르세요.

① 여러 종류의 떡을 판매하고 있다.
② 이 행사에서는 송편 모형을 전시해 놓았다.
③ 여자는 서울 음식 축제에서 송편을 만들었다.

2 여자는 왜 '보기 좋은 떡이 먹기도 좋다'라고 말했습니까?

과제 assignment   자리를 맡다 to save a seat   모형 replica

듣기 3 다음은 전문가의 강연입니다. 잘 듣고 질문에 답해 보세요.

1 강연의 제목으로 가장 적절한 것을 고르세요.

① 명절 음식의 변화
② 떡의 의미와 중요성
③ 한국인의 전통 식생활

2 이 강연에서 소개한 속담을 모두 고르세요.

☐ 그림의 떡이다.
☐ 남의 떡이 더 커 보인다.
☐ 미운 아이 떡 하나 더 준다.
☐ 떡 줄 사람은 생각지도 않는데 김칫국부터 마신다.

친구들과 이야기해 보세요.

- 여러분 나라의 속담과 한국 속담 중에 비슷한 것이 있습니까?
- 여러분이 자주 쓰는 속담을 친구들에게 소개해 보세요.

강연 speech   중요성 importance   식생활 dietary life   잔칫날 day of the party   귀하다 to be precious   등장하다 to appear
백설기 white steamed rice cake   돌떡 1st birthday rice cake

옛날이야기

1. 다음은 이야기의 내용과 교훈에 대한 표현입니다. 여러분 나라에 이런 옛날이야기가 있습니까?

복을 받다 / 벌을 받다 / 욕심을 부리다 / 은혜를 갚다
정직하다 / 영리하다 / 어리석다

2. '- 같다'는 앞에 오는 말의 특징을 비유해서 나타내는 표현입니다. 여러분 나라에도 이런 말이 있습니까?

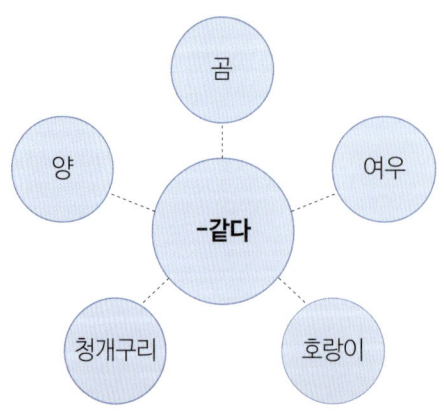

곰 / 양 / 여우 / 청개구리 / 호랑이 / -같다

복을 받다 to be blessed │ 벌을 받다 to be punished │ 욕심을 부리다 to be greedy
은혜를 갚다 to return the favor │ 정직하다 to be honest │ 영리하다 to be clever
어리석다 to be foolish │ 곰 같다 to be like a bear │ 양 같다 to be like a sheep
여우 같다 to be like a fox │ 청개구리 같다 to be like a disobedient frog │ 호랑이 같다 to be like a tiger

준비 다음은 곰이 주는 인상에 대한 설명입니다. 내용을 정리해서 발표해 보세요.

우리가 사용하는 언어에는 그 나라만의 _____ 기 마련입니다. 같은 단어라도 문화가 다르면 그 의미에도 차이가 생길 수 있습니다. 문화에 따라 _____ 다는 것은 _____ 으로 알 수 있습니다. 예를 들면 '곰 같다'는 한국에서 '어리석다' 또는 '인내심이 많다'는 의미로 사용됩니다. 반면에 다른 나라에서는 '무섭다', '강하다'라는 의미를 가집니다.

문법과 표현 동-는다는 것은 명으로 알 수 있다, 형-다는 것은 명으로 알 수 있다, 명이라는 것은 명으로 알 수 있다 ☞ 17쪽
동 형-기 마련이다 ☞ 18쪽

특징 characteristic   비유하다 to use as a metaphor

읽기 1 다음은 '청개구리의 슬픔'이라는 옛날이야기에 대한 글입니다. 잘 읽고 질문에 답해 보세요.

사람들은 자기가 경험하거나 잘 아는 것으로 세상의 일들을 설명하기 마련이다. 한국에는 청개구리가 비만 오면 우는 이유를 재미있게 설명한 이야기가 있다. 이 이야기에서 청개구리는 엄마의 무덤이 떠내려갈까 걱정하고 엄마 말대로 하지 않은 자신의 행동을 후회하면서 운다.

- 개굴개굴 울어야지!
- 굴개굴개
- 앉아야지!
- 서 있는 게 좋아요!
- 내가 죽거든 냇가에 묻어야 한다.
- 산에 묻겠지?
- 엄마 말을 잘 들었어야 했는데….

이 이야기에서 '청개구리 같다'는 말이 생겨났다. 어떤 아이가 엄마 말을 잘 듣지 않는다는 것은 그 아이가 '청개구리 같다'는 말을 자주 듣는 것으로 알 수 있다.

1 '청개구리 같다'는 말은 무슨 뜻입니까?

2 청개구리 이야기에 대한 설명으로 맞지 <u>않는</u> 것을 고르세요.

① 청개구리는 엄마의 바람대로 산에 무덤을 만들었다.
② 청개구리는 엄마가 죽은 후에 자신의 행동을 후회했다.
③ 옛날 사람들이 청개구리가 비만 오면 우는 것을 보고 이야기를 만들었다.

슬픔 sorrow   무덤 grave   떠내려가다 to be washed away   묻다 to bury

읽기 2 다음은 옛날이야기의 교훈에 대한 글입니다. 잘 읽고 질문에 답해 보세요.

㉮ 어느 나라에나 옛날부터 입에서 입으로 전해져 내려오는 이야기들이 있다. 그런 이야기들은 사람들에게 재미뿐만 아니라 교훈을 주는 경우도 많다. 옛날이야기는 '부모님께 효도해야 한다', '은혜를 갚아야 한다' 등의 다양한 가르침을 주는데 그중에서도 '권선징악'이라는 교훈이 옛날이야기에 자주 등장한다.

㉯ 이런 교훈을 주는 대표적인 옛날이야기로 '금도끼 은도끼'를 들 수 있다. 이야기 속에서 산신령은 연못에 도끼를 빠뜨린 나무꾼에게 금도끼와 은도끼가 나무꾼의 것이냐고 묻는다. 정직한 나무꾼은 욕심을 부리지 않고 자신의 도끼는 낡은 쇠도끼라고 말한다. 산신령은 정직한 나무꾼에게 금도끼와 은도끼를 모두 선물로 준다. 이 소식을 들은 이웃집 나무꾼은 일부러 자신의 도끼를 연못에 빠뜨리고 금도끼와 은도끼가 자신의 것이라고 거짓말을 한다. 나쁜 행동을 한 나무꾼은 금도끼를 얻기는커녕 자신의 도끼까지 빼앗기게 된다.

㉰ '권선징악'이라는 교훈이 자주 등장한다는 것은 '금도끼 은도끼'를 비롯한 많은 옛날이야기로 알 수 있다. 착한 흥부가 제비 다리를 고쳐 주고 부자가 된다는 '흥부와 놀부'를 통해서도 '착한 사람은 복을 받고 나쁜 사람은 벌을 받기 마련'이라는 교훈을 얻을 수 있다. 이처럼 옛날이야기들은 재미있을 뿐만 아니라 사람들이 어떻게 살아야 하는지를 가르쳐 준다.

1 ㉯의 '이런 교훈'이 가리키는 것은 무엇입니까?

① 자식들은 부모님께 효도해야 한다.
② 도움을 준 사람에게 은혜를 갚아야 한다.
③ 착한 사람은 복을 받고 나쁜 사람은 벌을 받는다.

2 이 글의 내용과 일치하는 것을 고르세요.

① 옛날이야기를 통해 재미뿐만 아니라 교훈도 얻을 수 있다.
② '금도끼 은도끼'와 '흥부와 놀부'에서 얻을 수 있는 교훈은 다르다.
③ 옛날이야기에 등장하는 인물 중에는 부자보다 가난한 사람이 많다.

 여러분이 알고 있는 옛날이야기에서는 어떤 교훈을 얻을 수 있습니까?

교훈 lesson   효도 filial piety   가르침 teaching   권선징악 encouraging the good and disciplining the bad
산신령 mountain spirit   도끼 axe   나무꾼 woodcutter   연못 pond   욕심을 부리다 to be greedy   빼앗기다 to be taken away

Writing 쓰기 12-2

준비 여러분 나라의 속담이나 옛날이야기에 자주 등장하는 내용은 무엇입니까?

- ☐ 은혜를 갚는 이야기
- ☐ 부모님께 효도하는 이야기
- ☐ 착한 사람이 복을 받는 이야기

메모하고 친구들과 이야기해 보세요.

속담이나 옛날이야기에 자주 나오는 내용	착한 사람이 복을 받음.	
예	흥부와 놀부, 금도끼 은도끼	
속담이나 옛날이야기를 통해 얻을 수 있는 교훈	착하게 살아야 함.	

> 한국의 옛날이야기에는 착한 사람이 복을 받는다는 내용이 자주 등장합니다. 예를 들면 '흥부와 놀부', '금도끼 은도끼' 같은 이야기가 있습니다. 사람들은 이 이야기를 통해 착하게 살아야 한다는 교훈을 얻을 수 있습니다.

쓰기 위에서 이야기한 것을 바탕으로 속담이나 옛날이야기를 통해 알 수 있는 것을 써 보세요.

💬 속담을 요즘 상황에 맞게 바꿔 보고 발표해 보세요.

준비 다음 속담을 보고 어떤 상황에서 쓸 수 있는지 이야기해 보세요.

- 그림의 떡이다
- 하늘의 별 따기이다
- 티끌 모아 태산이다
- 미운 아이 떡 하나 더 준다
- 보기 좋은 떡이 먹기도 좋다
- 원숭이도 나무에서 떨어질 때가 있다

- 작은 고추가 맵다
- 누워서 침 뱉기이다
- 남의 떡이 커 보인다
- 호랑이도 제 말 하면 온다
- 개구리 올챙이 적 생각 못 한다
- 떡 줄 사람은 생각지도 않는데 김칫국부터 마신다

1 요즘 상황에 맞게 속담을 바꾸고 왜 그렇게 바꿨는지 이야기해 보세요.

잘 맞지 않는 속담	바꾼 속담
• 티끌 모아 태산	• 티끌 모아 티끌
•	•
•	•
•	•

티끌 모아 태산

예전에는 월급이 적어도 열심히 저축을 하면 집을 살 수 있었는데 이제는 아무리 열심히 돈을 모아도 절대 집을 살 수가 없게 됐어요. 티끌 모아 태산이라는 말 대신 티끌 모아 티끌이라고 해야겠어요.

호랑이도 제 말 하면 온다

예전에는 호랑이가 사람들 눈에 자주 띄는 동물이었지만 요즘에는 동물원에 가야 호랑이를 볼 수 있게 되었습니다. 그래서 호랑이보다는 요즘 자주 볼 수 있는 고양이로 바꿔야 할 것 같습니다.

2 새로 만든 속담과 바꾼 이유를 발표해 보세요.

옛날 옛날 호랑이 담배 피우던 시절에….

출처: 한국민화뮤지엄
작가: 안영혜

한국에서는 옛날이야기를 시작할 때 "옛날 옛날 호랑이 담배 피우던 시절에"라고 말합니다. 호랑이가 담배를 피우는 것처럼 말이 안 되는 일이 일어나도 이상하지 않을 정도로 먼 옛날이라는 것을 의미합니다.

호랑이는 한국의 속담이나 옛날이야기에 자주 등장합니다. 한국 땅의 70%는 산으로 이루어져 있고 산에는 호랑이가 살았습니다. 호랑이가 사람을 잡아먹는 일도 자주 있었다고 합니다. 한국 사람들은 이렇게 무서운 호랑이를 이야기 속에서 욕심을 부리다가 벌을 받거나 어리석은 행동을 하는 사람처럼 그려 냅니다. 호랑이를 주변에서 흔히 볼 수 있는 사람처럼 묘사해서 호랑이에 대한 두려움을 덜어 내고 친근하게 느끼도록 만든 것입니다. 여러분 나라에도 한국의 호랑이처럼 이야기에 자주 등장하는 동물이 있습니까?

발음 / Pronunciation

학교에서 모집하는 아르바이트는 **경쟁률 [경쟁뉼]**이 아주 높대요.

경쟁률, 확률 등 '-률' 앞에 받침이 있으면 [뉼]로 발음합니다.

 내일 비가 올 **확률**은 70%래요.
경영학과를 졸업한 학생들의 **취업률**이 높은 편이에요.

자기 평가 / Self-Check

- ☐ 상황에 맞는 속담을 인용해서 이야기할 수 있다.
- ☐ 속담이나 옛날이야기에 나오는 교훈을 설명하는 글을 작성할 수 있다.
- ☐ 속담을 요즘 상황에 맞게 바꿀 수 있다.

13 논란거리 Controversies

13-1 사회 문제

13-2 의견과 비판

1 여러분은 사회 문제에 대해 토론을 해 본 적이 있습니까?
2 여러분은 그 문제에 대해 어떤 입장이었습니까?

사회 문제

1 다음은 논란에 대한 표현입니다. 그림을 보고 어떤 상황인지 이야기해 보세요.

2 다음은 문제 해결 과정과 방법에 대한 표현입니다. 상황에 맞는 표현을 골라 보세요.

요구하다   항의하다   갈등을 풀다   반대에 부딪히다   해결책을 찾다

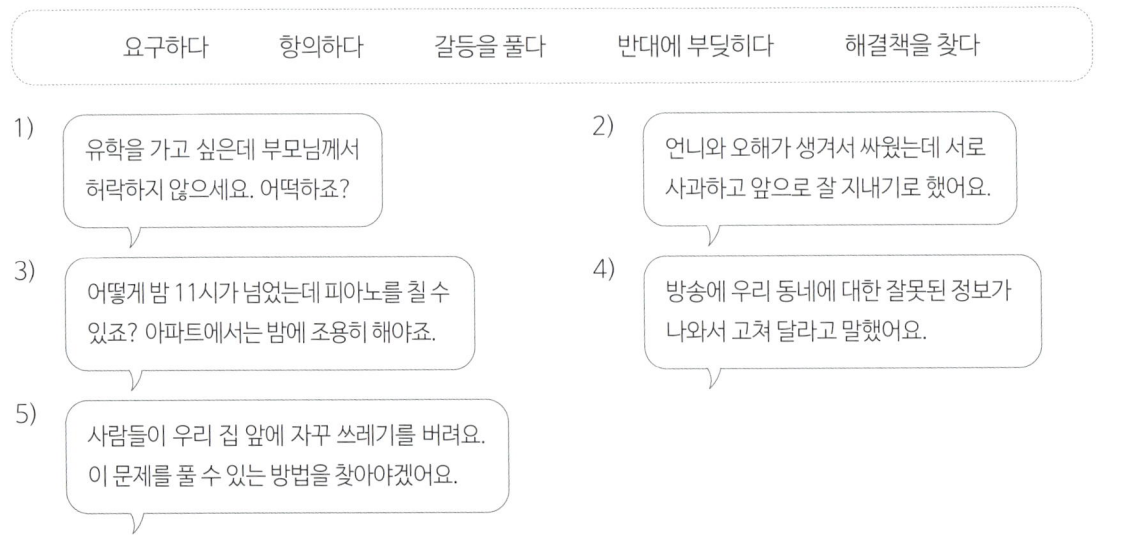

논란이 되다 to be controversial
갈등이 생기다 to be in conflict
이해관계가 다르다 to have different interests
갈등을 풀다 to resolve a conflict
문제가 되다/안 되다 to be a problem/to not be a problem
입장이 다르다 to be in different positions
요구하다 to request
반대에 부딪히다 to meet with opposition
항의하다 to complain
해결책을 찾다 to find a solution

준비 1 논란이 되는 문제에 대해 이야기해 보세요.

가: 아파트 안에서 반려동물을 **키워도 되는지 안 되는지** 논란이 되고 있어요.
나: 저는 다른 사람들에게 피해를 주지 않는다면 괜찮다고 봐요.

1) 아파트에서 반려동물을 키우는 것
- 아파트 안에서 반려동물을 키워도 된다고 봐요.
- 아파트 안에서 반려동물을 키우면 안 된다고 생각해요.

2) 아이들에게 외국어 조기 교육을 시키는 것
- 아이들에게 외국어 조기 교육을 시켜야 해요.
- 외국어 조기 교육은 필요 없다고 봐요.

3) 학교에서 휴대폰을 사용하는 것
- 학교에서 학생들의 휴대폰 사용을 금지해야 한다고 봐요.
- 학교에서 학생들이 휴대폰을 사용해도 문제가 없어요.

4) 길고양이에게 먹이를 주는 것
- 길고양이에게 먹이를 줘야 해요.
- 길고양이에게 먹이를 주면 안 된다고 생각해요.

준비 2 다음 상황에서 일어날 수 있는 일에 대해 친구와 이야기해 보세요.

가: 요즘 아침에 일어나기가 너무 힘들어서 매일 지각해.
나: 너 그렇게 계속 지각하면 나중에 출석률에 문제가 **생길지도 몰라**.

- 수업에 계속 지각을 하면?
- 지금보다 환율이 오르면?
- 휴대폰을 보면서 길을 걸으면?
- 오랜 시간 같은 자세로 게임을 하면?
- 기숙사에서 늦은 시간에 청소기를 돌리면?

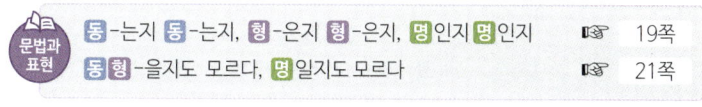

반려동물 companion animal/pet   조기 교육 early education   금지하다 to prohibit   길고양이 stray cat   먹이를 주다 to feed
출석률 attendance rate

말하기 1 다음은 논란이 되는 문제에 대한 대화입니다. 서로 다른 입장에서 문제에 대해 의견을 이야기해 보세요.

1 무엇에 대해 이야기하고 있습니까?
2 남자는 어떤 의견을 가지고 있습니까?
3 여자는 어떤 의견을 가지고 있습니까?

민 우: 최근 버스나 지하철에서 노약자석을 비워 둬야 하는지 노약자가 아닌 사람이 앉아도 되는지 논란이 되고 있습니다. 이 문제에 대해 어떻게 생각하십니까?

크리스: 저는 자리가 비어 있으면 누구든지 앉아도 된다고 생각합니다. 앉아 있다가 나이 드신 분이나 몸이 불편하신 분이 탔을 때 양보하면 될 것 같습니다.

나 나: 저는 생각이 좀 다릅니다. 노약자석은 되도록 비워 두는 게 좋다고 봅니다. 노약자석을 비워 두는 건 나이 든 사람이나 몸이 불편한 사람을 배려하는 문화라고 생각합니다.

크리스: 제가 처음 한국에 왔을 때 지하철이 복잡한데도 노약자석에 아무도 앉지 않아서 이상하다고 생각한 적이 있었습니다. 주변에 노약자가 없다면 잠깐 앉아도 되지 않을까요?

나 나: 나이 든 사람이나 몸이 불편한 사람의 입장에서 생각해 보시기 바랍니다. 지하철이나 버스를 탔을 때 노약자석에 누가 앉아 있으면 자리를 비켜 달라고 말할 수 있을까요?

크리스: 글쎄요. 전 생각이 좀 다른데요. 젊은 사람들도 먼 거리를 이동할 때 힘드니까 자리에 앉고 싶을지도 모릅니다. 그럴 때 노약자석이 비어 있으면 잠깐 앉을 수도 있는데 무조건 비워 두라고 강요하는 건 말이 안 됩니다.

나 나: 제 말씀은 무조건 노약자석을 비워 두라기보다는 다른 사람을 배려하면 좋겠다는 겁니다.

크리스: 배려는 자기가 스스로 하는 것입니다. 배려를 강요하는 것은 바람직하지 않다고 봅니다.

주변 surroundings   비키다 to step aside   강요하다 to force

문제점 이야기하기

- 버스나 지하철에서 노약자석을 비워 둬야 하는가?
- 프로 선수가 올림픽에 참가해도 되는가?
- 직장에서 쉬는 날 체육대회를 하면 참석해야 하는가?
- 외국어 수업에서 점수가 높은 학생과 낮은 학생으로 반을 나누어도 괜찮은가?

문제가 있다

- 앉아 있다가 나중에 양보하면 된다
- 프로 선수는 돈을 받고 전문적으로 운동을 하니까 올림픽에 참가하면 안 된다
- 쉬는 날이니까 참석하지 않아도 된다
- 점수가 낮은 학생이 공부하기 싫어질 수 있다

문제가 없다

- 비워 놓지 않으면 노인이나 몸이 불편한 사람이 이용하기 어렵다
- 프로 선수도 올림픽에서 실력을 평가받을 수 있다
- 동료들과 좋은 관계를 유지하기 위한 것이니까 참석하는 게 좋다
- 수준에 맞는 수업을 할 수 있어서 더 효율적으로 공부할 수 있다

가능성 이야기하기

- 젊은 사람들도 힘드니까 자리에 앉고 싶어 할 수 있다
- 아마추어 선수들이 참가할 기회를 잃을 것이다
- 쉬는 날 쉬지 못하면 효율적으로 일하지 못할 것이다
- 실력이 있는 학생이 시험을 못 봤을 수도 있다

> 노약자석을 **비워 둬야 하는지** 노약자석에 **앉아도 되는지** 논란이 되고 있습니다.

> 저는 되도록 비워 둬야 한다고 봅니다. 비워 놓지 않으면 노약자들이 마음 편하게 이용하기 힘들 겁니다.

> 저는 앉아도 되는 것 같습니다. 앉아 있다가 나중에 양보하면 되지 않을까요?

> 젊은 사람들도 힘드니까 자리에 **앉고 싶을지도 모릅니다.**

말하기 2 여러분 나라에서 논란이 되고 있는 문제가 있습니까? 그 문제에 대한 여러분의 의견은 무엇입니까?

프로 선수 professional athlete　　아마추어 선수 amateur athlete　　효율적이다 to be effective　　수준에 맞다 to be up to someone's level
되도록 as much as possible

준비 여러분은 학교에 꼭 필요한 시설이 뭐라고 생각합니까?

듣기 1 다음은 학교 시설에 대한 대화입니다. 잘 듣고 질문에 답해 보세요.

1 무엇에 대해 이야기하고 있습니까?

2 남자와 여자의 의견을 연결해 보세요.

1) 남자 •   • 학교 안에도 상업 시설이 필요하다.
2) 여자 •   • 학교 안에 상업 시설이 들어오면 안 된다.

듣기 2 다음은 두 친구의 대화입니다. 잘 듣고 질문에 답해 보세요.

1 들은 내용과 같은 것을 고르세요.

① 성적 장학금이 없어졌다.
② 여자는 최근 성적이 떨어졌다.
③ 남자는 아르바이트를 하느라 바쁘다.

2 남자는 여자의 말을 듣고 어떤 행동을 할까요?

상업 commercial   체인점 chain store   브랜드 brand

듣기 3 다음은 장학금에 대한 토론입니다. 잘 듣고 질문에 답해 보세요.

1 이 토론의 주제는 무엇입니까?

2 남자와 여자의 근거를 연결해 보세요.

1) 남자 •
- 성적이 좋은 학생은 취직할 때 보상받을 수 있다.
- 형편이 어려운 학생들에게 공부할 기회를 주어야 한다.
- 형편이 어렵지 않은 학생도 장학금을 받고 싶을 수 있다.

2) 여자 •
- 열심히 노력한 것에 대한 보상으로 주는 것이 장학금이다.

💬 친구들과 이야기해 보세요.

- 여러분은 장학금을 받아 본 적이 있습니까? 그 장학금은 어떤 학생들에게 주는 장학금입니까?
- 학교에서 어떤 학생에게 장학금을 줘야 한다고 생각합니까?
- 이 문제에 대해서 친구들의 입장은 어떻게 다릅니까?

보상 compensation   형편 circumstance   우선 first   일리가 있다 to have a point   기준 standard   결국 ultimately
경쟁하다 to compete   공평하다 to be fair

의견과 비판

1 다음은 문제 상황과 의견에 대한 표현입니다. 여러분도 이런 경험이 있었습니까?

제한하다 | 비난하다/비난을 받다 | 차별하다/차별을 받다
불편을 겪다 | 피해를 입다 | 양해를 구하다

2 '불-'은 '아니다'를 의미합니다. 어떤 상황에서 다음 표현을 사용할 수 있을까요?

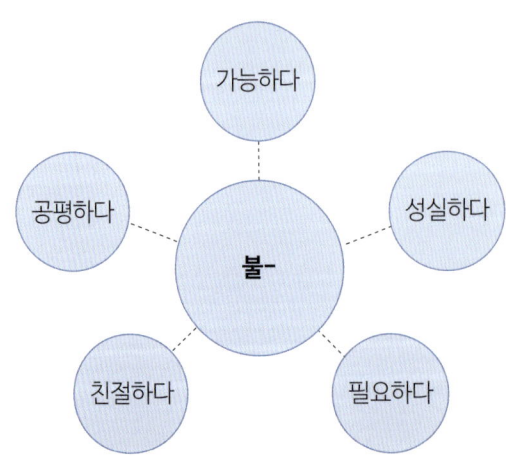

제한하다 to limit　비난하다/비난을 받다 to criticize/to be criticized　차별하다/차별을 받다 to discriminate/to be discriminated
불편을 겪다 to experience inconvenience　피해를 입다 to suffer damage　양해를 구하다 to ask for understanding
불가능하다 to be impossible　불공평하다 to be unfair　불성실하다 to be untrustworthy
불친절하다 to be rude　불필요하다 to be unnecessary

읽기

준비 다음은 사회 변화에 대한 그래프입니다. 정리해서 발표해 보세요.

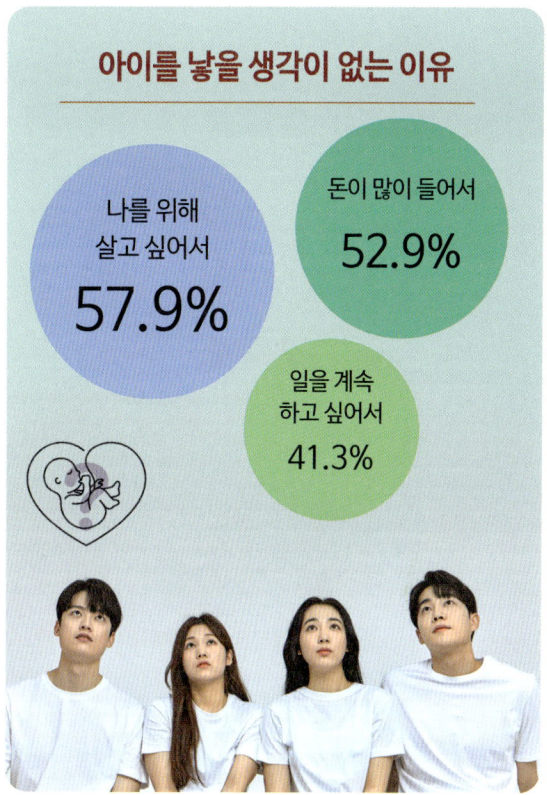

조사 결과에 의하면 _____ 과 달리 사람들이 아이를 낳는 것에 대해 부정적으로 생각하는 것으로 나타났습니다. 남자와 여자 모두 결혼해도 아이를 가질 필요가 없다고 생각하는 사람이 10년 전보다 2배로 많아졌습니다. 이 조사 결과를 통해 _____ 느니 차라리 자신을 위해 살겠다고 생각하는 사람이 많아졌다는 것을 알 수 있습니다.

문법과 표현		
명 과 달리	☞	22쪽
동 -느니 (차라리)	☞	23쪽

부정적이다 to be negative   배 counting unit for times

읽기 1 다음은 노키즈존에 대한 기사입니다. 잘 읽고 질문에 답해 보세요.

'노키즈존' 확대에 대한 논란이 뜨겁다

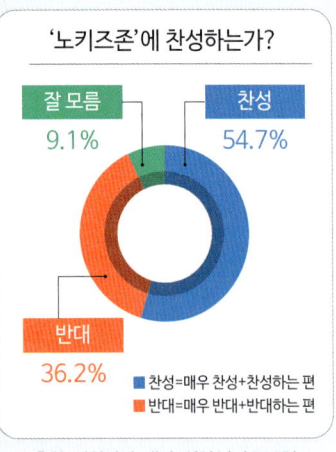

No Kids Zone

아이를 동반하지 않은 고객들을 위한 전용공간입니다.

출처: 리얼미터, 대상: 성인 남녀 513명

리얼미터에서 한국인 성인 남녀 513명에게 '노키즈존'에 찬성하는지 물은 결과, 찬성한다는 응답이 54.7%, 반대한다는 응답이 36.2%로 나타났다. 예상과 달리 한국 사람들은 노키즈존을 긍정적으로 생각한다는 것을 알 수 있다.

일부 가게에서는 어린이 손님 때문에 불편을 겪으니 차라리 수입이 줄어도 노키즈존을 선택하는 게 낫다는 반응이다. 또한 안전을 위해 노키즈존을 선택할 수밖에 없었다는 가게 주인도 있다. 그러나 많은 부모들은 어른들도 시끄럽게 떠드는 경우가 있는데 어린이만 출입을 제한하는 것은 불공평한 일이며, 노키즈존은 어린이를 차별하는 것이므로 금지해야 한다는 입장이다.

*노키즈존: 식당, 카페 등에서 어린이의 출입을 제한하는 것. 최근 제주도를 비롯한 관광지에서 노키즈존이 확대되고 있다.

1 노키즈존은 무엇을 말합니까?

2 기사의 내용과 일치하지 <u>않는</u> 것을 고르세요.

① 많은 부모들이 노키즈존 확대에 찬성한다.
② 노키즈존에 찬성한다는 의견이 과반수로 나타났다.
③ 일부 가게에서는 수입이 줄어도 노키즈존을 선택한다.

확대 expansion   성인 adult   떠들다 to talk loudly

읽기 2 다음은 노키즈존 확대에 대한 의견입니다. 잘 읽고 질문에 답해 보세요.

노키즈존에 대한 찬반 의견

 [찬성한다] 노키즈존을 확대해야 한다고 생각한다

서울에서 부산까지 비행기를 타고 가는데 아이가 한 시간 내내 울어서 불편을 겪은 적이 있었다. 아이의 부모는 승객들에게 양해를 구하지 않았을 뿐만 아니라 우는 아이를 달래지도 않았다. 아이들이 시끄럽게 우는 비행기를 타느니 차라리 4~5시간 버스를 타고 가는 게 낫다고 생각할 정도였다. 부모들이 자신의 아이를 제대로 교육하지 않아서 주변 사람들에게 피해를 주는 경우도 많다. 이런 부모들 때문에 노키즈존을 운영할 수밖에 없다고 본다. 특히, 찜질방이나 공연장에는 10세 미만 어린이의 출입을 제한하는 것이 바람직하다. 너무 어린 나이에 찜질방에 가는 것은 아이에게도 안 좋은 영향을 줄 것이다. 또한 다른 사람에게 불편을 주면서까지 어린이가 수준에 맞지 않는 공연을 보는 것은 불필요한 일이다.

 [반대한다] 노키즈존을 확대하면 안 된다

제주도와 같은 유명한 관광지에서 노키즈존이 확대되는 추세라는 뉴스 기사를 보았다. 노키즈존은 아이와 아이의 부모를 차별하는 것이다. 아이가 울거나 시끄럽게 행동하는 것은 어쩔 수 없는 일이다. 아이와 함께 온 손님을 배려하기는커녕 얌전한 아이들도 들어오지도 못하게 하는 것은 차별이다. 금연 구역에서도 담배를 피우는 사람의 출입을 제한하지는 않으며 담배만 못 피우게 한다. 또 노키즈존으로 운영하는 가게에서 반려동물의 출입을 제한하지 않는 경우가 있는데 아이가 반려동물만 못하다는 것인가? 과거와 달리 아이들을 시끄럽고 피해를 주는 존재로 보는 것 같아서 불편하다.

1 다음 중 노키즈존 확대에 찬성하는 의견으로 적절하지 <u>않은</u> 것을 고르세요.

① 비행기에서 아이가 울어서 사람들이 불편을 겪기도 한다.
② 아이들이 공연장에서 시끄럽게 하는 것은 어쩔 수 없는 일이다.
③ 아이들이 다른 사람에게 불편을 줄 때 통제하지 않는 부모들이 있다.

2 노키즈존 확대에 반대하는 의견을 정리해 보세요.

1) 아이를 동반한 손님을 (☐ 배려 ☐ 차별)해야 한다.
2) 아이는 피해를 주는 존재라고 (☐ 생각해야 한다 ☐ 생각하면 안 된다).

 여러분은 노키즈존이 확대되는 것에 대해 어떻게 생각합니까? 친구와 이야기해 보세요.

달래다 to comfort   운영하다 to operate   얌전하다 to be well-behaved   금연 구역 non-smoking area   존재 existence
통제하다 to control

쓰기 13-2

준비 여러분 나라에서 논란이 되는 문제는 무엇입니까?

☐ 노키즈존을 확대하는 것   ☐ 성적 장학금을 폐지하는 것   ☐ _____

💬 이 문제에 대한 여러분의 의견은 무엇입니까? 아래에 메모하고 친구와 이야기해 보세요.

문제 상황	제주도 등 관광지에서 노키즈존이 확대되고 있음.	
내 의견	노키즈존을 확대하면 안 됨.	
그렇게 생각하는 이유	아이와 부모에 대한 차별임. 아이의 출입을 제한하지 말고 바람직한 행동을 하도록 해야 함.	

> 최근 제주도 등 관광지에서 노키즈존이 확대되고 있어서 논란이 되고 있습니다. 저는 노키즈존을 확대하면 안 된다고 봅니다. 노키즈존이 아이와 부모를 차별할 수 있기 때문입니다. 아이의 출입을 제한하는 것보다 아이가 바람직한 행동을 할 수 있도록 해야 합니다. 무조건 아이의 출입을 제한하는 것은 옳지 않습니다.

쓰기 위에서 이야기한 것을 바탕으로 논란이 되는 문제에 대해 의견을 써 보세요.

🗨 **최근 논란이 되고 있는 사회 문제에 대해 일대일 토론을 해 보세요.**

준비 자신의 의견을 주장하고 근거를 제시할 때 사용할 수 있는 표현입니다.

최근 _____는지 논란이 되고 있습니다.
_____ 문제가 되고 있습니다.

저는 _____어야 한다고 봅니다.
제가 그렇게 생각하는 이유는….

글쎄요. 저는 그렇게 생각하지 않습니다. 제 생각에는
_____는 것 같습니다.
왜냐하면….

제 의견은 좀 다릅니다.

1 요즘 사회적으로 논란이 되고 있는 문제를 이야기하고 토론 주제를 정해 보세요.

2 앞에서 정한 주제에 대해 찬성 혹은 반대 입장을 선택하고 근거를 정리해 보세요.

찬성	반대
의견	의견
근거	근거

3 서로 다른 입장을 가진 친구와 일대일 토론을 해 보세요.

도마 위에 오르다

한국에서 자주 사용되는 관용어 중에 '도마 위에 오르다'라는 말이 있습니다. 도마는 요리 재료를 올려놓고 썰거나 다질 때 사용합니다. 도마 위에 오른 재료가 여러 방법으로 요리되는 것처럼 사람이나 사건도 도마 위에 오르면 많은 사람들의 관심을 끌게 되고 이에 대한 평가를 받습니다. 그래서 '도마 위에 오르다'라는 표현은 많은 사람들 입에 오르내리면서 비판의 대상이 된다는 뜻으로 사용됩니다. 사람들에게 가장 논란이 되는 주제들, 문제가 되는 것들을 이야기할 때 어떤 문제가 도마 위에 올랐다고 말할 수 있습니다. 여러분 나라에도 비슷한 표현이 있습니까?

발음 Pronunciation

이 문제가 **논란[놀란]**이 되고 있습니다.

'ㄹ' 앞에 오는 'ㄴ' 받침은 [ㄹ]로 발음합니다.

예 **진로**를 고민하고 있어요.
이 박물관에서는 **신라** 시대의 유물을 전시하고 있습니다.

자기 평가 Self-Check

- ☐ 문제 상황을 제시하고 의견을 말할 수 있다.
- ☐ 주장하는 글을 작성할 수 있다.
- ☐ 논란이 되는 사회 문제에 대해 토론할 수 있다.

14

언어와 생활
Language & Life

14-1 다양한 언어 사용
14-2 흥미로운 언어

1 여러분이 들은 한국어 중에서 이해하지 못했던 말이 있습니까?
2 여러분이 한국어로 이야기할 때 자주 사용하는 말이 있습니까?

다양한 언어 사용

1 '-말', '-어'는 언어와 관련된 표현입니다. 여러분이 알고 있는 예를 말해 보세요.

2 다음은 언어 사용 찬반과 관련된 표현입니다. 어떤 말을 사용할 때 이런 상황이 생기는지 이야기해 보세요.

- 친근한 느낌이 들다
- 의사소통이 잘되다
- 시간을 절약하다
- 표현이 풍부해지다
- 오해가 생기다
- 대화가 끊기다
- 안 좋은 인상을 주다
- 못 알아듣다

줄임말 abbreviation　　존댓말/반말 honorifics/informal speech　　신조어 neologism　　유행어 buzzword
표준어/지역어(사투리) standard language/local language (dialect)　　외래어/외국어 loanword/foreign language
친근한 느낌이 들다 to feel friendly　　의사소통이 잘되다 communication goes well
시간을 절약하다 to save time　　표현이 풍부해지다 to be expressive
오해가 생기다 to have a misunderstanding　　대화가 끊기다 to have difficulty to continue dialogue
안 좋은 인상을 주다 to give a bad impression　　못 알아듣다 to not understand

Speaking 14-1 말하기

준비 1 상황에 맞게 이야기해 보세요.

> 가: 가수 김빈 씨는 인기가 많아요?
> 나: 그럼요. 김빈은 노래를 **잘하는 데다가** 잘생겨서 인기가 많아요.

1) 가수 김빈

2) 새로 산 의자

3) 언어교육원 4급 수업

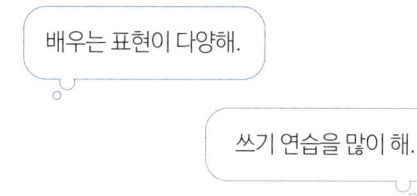

4) 줄임말을 쓰면 안 되는 이유

준비 2 친구의 생각에 대해서 나의 의견을 이야기해 보세요.

> 가: 유진 씨가 일을 잘하는 것 같아.
> 나: 일을 **잘하기는 하는데** 일을 끝내는 데 시간이 오래 걸리더라.

친구의 생각	나의 생각
• 유진 씨가 일을 잘한다	• 일을 끝내는 데 시간이 오래 걸린다
• 오늘은 오랜만에 공기가 깨끗하다	• 바람이 불어서 쌀쌀하다
• 유행어를 사용하면 친근한 느낌이 든다	• 의사소통이 안 될 수도 있다
• 나나한테 이 디자인의 옷이 잘 어울릴 것 같다	• 면접시험에 입고 가기에는 색이 화려하다
• 방금 전에 본 집이 지하철역에서 가까워서 좋다	• 월세가 생각했던 것보다 좀 비싸다

문법과 표현
동-는 데다가, 형-은 데다가, 명인 데다가 ☞ 24쪽
동-기는 하는데, 형-기는 한데, 명이기는 한데 ☞ 25쪽

화려하다 to be colorful

Speaking 말하기 14-1

말하기 1 다음은 외국어 사용에 대한 대화입니다. 문제 상황에 대한 의견을 이야기해 보세요.

싱크홀, 앰뷸런스

1 '싱크홀'이라는 말은 무슨 뜻입니까?
2 이런 말을 사용하는 것에 대해 두 사람의 의견은 어떻습니까?

엥흐: 저쪽에 사람들이 모여 있네요. 무슨 일 있나 봐요.

유진: 회사 앞에 싱크홀이 생겨서 교통사고가 났대요. 다친 사람도 있다던데요. 어, 앰뷸런스가 왔어요.

엥흐: 싱크홀요? 그게 뭔데요?

유진: 땅이 꺼져서 바닥에 큰 구멍이 생기는 걸 싱크홀이라고 해요. 처음 들어 봤어요?

엥흐: 네. 그냥 땅이 꺼졌다고 말하면 되는데 왜 그런 말을 쓰는 거예요? 이렇게 한국말로 바꿀 수 있는 것까지 외국어를 사용하는 건 문제라고 봐요.

유진: 그 말도 일리가 있기는 한데 엥흐 씨도 앰뷸런스라는 말을 듣고 바로 이해했잖아요. 물론 구급차라는 말도 있지만 앰뷸런스 같은 말은 보통 때 자주 사용하기도 해서 사전에도 나오는 외래어예요. 이렇게 다른 나라 말에서 온 단어도 있고 한국어 단어도 있으면 표현이 다양해지는 것 같아요.

엥흐: 글쎄요. 전 싱크홀 같은 외국어는 꼭 써야 하는 경우가 아니라면 쓰지 않는 게 좋을 것 같아요.

유진: 왜요? 외국어를 사용하면 외국인들도 바로 이해할 수 있는데요.

엥흐: 아까 저도 싱크홀이라는 말을 몰라서 유진 씨한테 물어봤잖아요. 그런 말을 자꾸 쓰면 그 말을 모르는 사람과 의사소통이 안 되는 데다가 원래 말이 사라질 수도 있을 것 같아요.

유진: 왜 단점만 생각해요? 외국어를 받아들여서 쓸 수 있는 단어가 많아지면 좋잖아요. 안 그래요?

싱크홀 sinkhole   앰뷸런스 ambulance   땅이 꺼지다 ground collapsed   구급차 ambulance

문제점 이야기하기

- 한국어로 바꿔 쓸 수 있는 말까지 외국어를 사용하는 것은 문제이다
- 극장에서 음식을 먹으면 다른 관객에게 방해가 된다
- 줄임말을 사용하면 오해가 생길 수 있다
- 연예인이 도덕적인 잘못을 했을 때 일을 그만둬야 된다

이유 말하기

- 의사소통이 잘 안되다/원래 말이 사라질 수 있다
- 쓰레기 때문에 극장이 지저분해질 수 있다/음식 먹는 소리도 문제가 될 수 있다
- 줄임말이 안 어울릴 때가 있다/대화가 끊길 수도 있다
- 연예인이 청소년들에게 영향을 주다/연예인을 따라 하는 사람도 많다

일부 인정하며 반박하기

- 네 말도 맞다/외국어를 쓰면 표현이 다양해지다
- 그런 문제가 있다/냄새가 나지 않는 음식을 먹거나 음료수를 마시는 것은 괜찮다
- 그 말도 이해가 되다/줄임말을 쓰면 친근한 느낌이 들다
- 그 말도 일리가 있다/법을 어긴 게 아니니까 일을 그만둘 필요는 없다

> 한국말로 바꿔 말할 수 있는 것까지 외국어로 하는 건 문제라고 봐요.

> 외국어를 자주 쓰면 그 말을 모르는 사람과 **의사소통이 안 되는 데다가** 원래 말이 사라질 수도 있을 것 같아요.

> 엥흐 씨 말도 맞기는 하는데, 외국어를 쓰면 표현이 다양해지는 것 같아요.

말하기 2 다음 상황에 대해 여러분의 의견을 이야기해 보세요.

- 어린이에게 무조건 반말을 하는 것
- 어른들과 대화할 때 줄임말을 사용하는 것
- 안내문의 안내하는 내용을 지역어(사투리)로 쓰는 것

도덕적 moral　　법을 어기다 to break the law　　공식적 official

준비 여러분은 한국 사람과 대화할 때 어려움을 느낀 적이 있습니까? 그 이유는 무엇입니까?

듣기 1 다음은 학생들의 언어에 대한 뉴스입니다. 잘 듣고 질문에 답해 보세요.

1 이 뉴스에서 소개한 조사의 대상과 주제는 무엇입니까?

   1) 조사 대상: _____
   2) 조사 주제: _____

2 이 뉴스의 내용과 일치하는 것을 고르세요.

   ① 서울대에 진학한 학생들은 줄임말을 빨리 배운다.
   ② 고등학생들은 영상을 통해 유행어를 쉽게 배운다.
   ③ 조사에 참여한 학생들 대부분은 기본적인 어휘를 잘 안다.

듣기 2 다음은 줄임말에 대한 대화입니다. 잘 듣고 질문에 답해 보세요.

1 여자가 말한 '중도'는 무엇을 의미합니까?

2 남자의 생각으로 가장 적절한 것을 고르세요.

   ① 자주 쓰는 줄임말은 알아 두어야 한다.
   ② 외국인들은 줄임말을 듣고 오해할 수 있다.
   ③ 줄임말을 사용하면 시간을 절약할 수 있다.

어휘력 vocabulary skills   박사 doctoral degree/Ph.D.   알아 두다 to remember

듣기 3 다음은 언어 사용에 대한 토론입니다. 잘 듣고 질문에 답해 보세요.

1 이 토론의 주제는 무엇입니까?

2 이 문제에 대한 사람들의 의견을 정리해 보세요.

써도 된다	쓰면 안 된다
• 시간을 절약할 수 있다.	• 오해가 생길 수 있다.
•	•
•	•

친구들과 이야기해 보세요.

- 여러분이 알고 있는 외래어, 줄임말을 친구에게 소개해 보세요.
- 여러분 나라에서 자주 쓰는 외래어, 줄임말에는 어떤 것이 있습니까? 그 말은 어떻게 만들어진 말입니까?

대학 수학 능력 시험 College Scholastic Ability Test (CSAT)   기능 function   방청객 audience

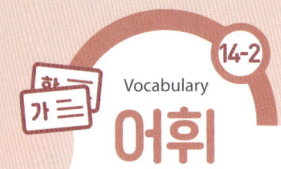

어휘 Vocabulary 14-2 흥미로운 언어

1 다음은 언어 습관과 말하는 방식에 대한 표현입니다. 여러분 나라의 말을 할 때와 한국어를 말할 때를 비교해서 이야기해 보세요.

- 말을 더듬다
- 사투리를 쓰다
- 억양이 강하다
- 유창하게 말하다
- 감탄사를 많이 쓰다
- 존댓말을 잘못 사용하다

2 다음은 말의 사용과 관련된 표현입니다. 여러분도 이런 상황을 경험한 적이 있습니까?

- 겨우 이해하다
- 대충 짐작하다 
- 마구 사용하다/만들다 
- 적당히 사용하다/쓰다 
- 널리 알려지다/쓰이다 
- 습관적으로 사용하다 

말을 더듬다 to stutter
유창하게 말하다 to speak fluently
존댓말을 잘못 사용하다 to use honorifics incorrectly
마구 사용하다/만들다 to use/make recklessly
널리 알려지다/쓰이다 to become widely known/used

사투리를 쓰다 to speak in a dialect
감탄사를 많이 쓰다 to use a lot of interjections
겨우 이해하다 to barely understand
적당히 사용하다/쓰다 to use/spend moderately
습관적으로 사용하다 to use habitually

억양이 강하다 to have a strong accent
대충 짐작하다 to make a rough guess

준비 다음은 신조어에 대한 자료입니다. 정리해서 발표해 보세요.

최근 청소년들의 언어 습관에 대한 조사 결과에 의하면 청소년들은 신조어를 자주 사용하는 것으로 나타났습니다. 청소년들은 _____이며 _____이며 다양한 온라인 환경에서 줄임말과 신조어를 접하고 있었습니다. 과거에는 TV 프로그램이 청소년에게 미치는 영향력이 컸으나 TV 프로그램의 영향력은 _____에 비해 줄어든 것으로 나타났습니다.

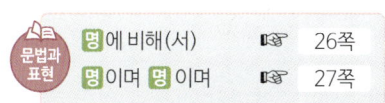

읽기 1 다음은 한국어 사용에 대한 외국인 학생의 블로그입니다. 잘 읽고 질문에 답해 보세요.

많은 한국인들이 외국인이 한국에서 생활할 때 사투리며 존댓말이며 이해하기 어려운 말을 들을 거라고 생각한다. 맞는 말이다. 택시 기사님의 억양이 강해서 말을 잘 못 알아들을 때도 있고 '주문하신 아메리카노 나오셨습니다' 같은 이해할 수 없는 존댓말도 있다. 그러나 요즘 사투리나 존댓말보다 나를 힘들게 하는 것은 한국 친구들이 사용하는 신조어이다.

한국어의 사투리나 존댓말은 신조어나 유행어에 비해서 이해하기 쉬운 편이다. 사전에서 그 말을 찾아볼 수도 있고, 사용하는 상황을 생각해 보면 그 뜻을 대충 짐작할 수도 있다. 하지만 신조어 중에 널리 알려지지 않은 말은 친구들이 설명을 해 줘야 겨우 이해할 수 있는 경우가 많다. 한국 친구들은 습관적으로 줄임말이나 신조어를 사용한다. 한국어를 사랑하는 외국인으로서 나의 바람은 이상한 말을 마구 만들어 내지 말고, 줄임말이나 신조어를 적당히 사용했으면 좋겠다는 것이다.

1 외국인들이 한국에서 생활할 때 어려운 점은 무엇입니까?

2 글쓴이의 생각으로 가장 적절한 것을 고르세요.

① 습관적으로 사투리를 사용하는 것은 좋지 않다.
② 줄임말이나 신조어를 적극적으로 사용해야 한다.
③ 신조어나 유행어보다 사투리나 존댓말을 이해하기 쉽다.

바람 wish   글쓴이 writer

읽기 2 다음은 신조어 사용에 대한 칼럼입니다. 잘 읽고 질문에 답해 보세요.

㉮ 강조법에는 여러 가지가 있다. 사람들은 버스를 '뻐스'라고 강하게 발음하거나 '최'나 '초' 같은 말을 단어 앞에 붙이는 방식으로 자신의 생각을 강조한다. 그런데 이런 말로는 모자라서 '수퍼', '울트라', '초'와 같은 말을 겹쳐 쓰기도 한다. 사실 '수퍼', '울트라', '초'는 지나간 유행어이다. 지금은 '핵'의 시대인 듯하다.

㉯ 젊은 사람들은 '핵예쁘고', '핵맛있는'이라는 표현을 마구 만들어 낸다. 재미있는 것은 낮은 품질을 의미하던 '개'가 '개이득'이며 '개맛있다'며 '개짜증'이며 '개웃김'처럼 '핵'과 같은 의미로 쓰이고 있다는 것이다. '개'의 널리 알려진 뜻은 쓸데없는 것, 질이 떨어진다는 부정적인 것이었다. 그러나 현재는 '부정적인' 의미는 사라지고 '핵'과 같이 '아주', '가장'의 의미로 쓰인다.

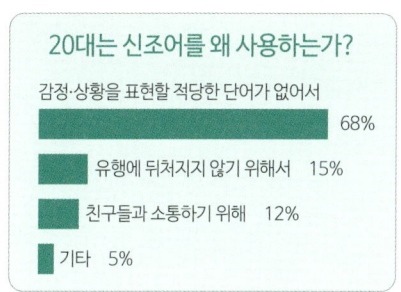

㉰ '개'나 '핵'과 같은 신조어 사용에 부정적인 시각을 가진 사람들도 있지만 신조어가 부정적인 면만 있는 것은 아니다. '웃프다'는 웃기면서도 슬프다는 현대인의 감정을 정확하게 표현해 주며, '심쿵'처럼 내 마음을 적절하게 나타내 주는 말도 드물다. 이런 말들은 앞서 살펴본 '개이득'에 비해 감정을 아름답게 표현하고, 한국어 표현을 풍부하게 해 준다.

전문가가 뽑은 신조어(2020년)
1위 웃프다
2위 꽃길
3위 심쿵
...

㉱ 자신의 감정을 강조하는 것도 중요하지만 강조하는 말도 마구 사용하다 보면 강조하는 느낌이 줄어들 수 있다. 그러니 지나친 강조 표현의 사용은 자제하고 감정을 아름답고 풍부하게 표현할 말을 찾는 것은 어떨까.

1 이 글에서 말을 강조하는 방법으로 소개한 것은 무엇입니까?

2 ㉰의 '이런 말들'의 예로 적절한 것을 고르세요.

① 꽃길 – 좋은 일이 생김.
② 핵웃김 – 매우 웃긴 일임.
③ 개이득 – 큰 이익을 얻음.

3 이 글의 내용과 일치하는 것을 고르세요.

① 최근 '수퍼', '울트라'를 단어 앞에 붙여 강조하는 것이 유행하고 있다.
② 요즘에는 쓸데없이 짜증이 난다는 뜻으로 '개짜증'이라는 말을 사용한다.
③ '웃프다'는 감정을 아름답고 풍부하게 표현해 주는 긍정적인 신조어이다.

💬 이 글을 읽고 알게 된 신조어와 그 뜻에 대해서 이야기해 보세요.

시대 times   쓸데없다 to be useless   시각 view   드물다 to be rare   앞서 earlier   자제하다 to restrain

준비 최근 여러분 나라 사람들이 자주 쓰는 말은 무엇입니까?

☐ 유행어 ☐ 신조어 ☐ 줄임말 ☐ 외래어

위에서 이야기한 말에 대해 메모하고 친구와 이야기해 보세요.

새로운 말의 종류	신조어	
예시	초딩(초등학생), 중딩(중학생), 고딩(고등학생), 대딩(대학생), 직딩(직장인)	
원래 쓰던 말과 비교	원래 쓰던 말에 비해 짧고 귀엽게 표현함.	

> 제가 소개할 말은 한국어에서 널리 쓰이는 신조어입니다. '초딩'이라는 말을 들어 본 적이 있나요? '초딩'은 초등학생을 의미하는 신조어입니다. 초등학생이라는 말에 비해 짧게 표현할 수 있고 발음 때문에 귀여운 느낌이 듭니다. '-딩'은 중딩이며 고딩이며, 대딩처럼 중고등학생, 대학생을 가리키는 말에도 쓰입니다. 최근에는 직장인을 가리켜서 '직딩'이라고 표현하기도 합니다.

쓰기 위에서 이야기한 것을 바탕으로 여러분 나라의 말을 소개하는 글을 써 보세요.

🗨 **팀을 나누고 언어 사용에 대해 토론해 보세요.**

준비 다음은 다른 사람의 의견에 대해 예를 들면서 동의를 나타내거나 들은 내용을 확인하고 반박할 때 사용할 수 있는 표현입니다.

> 저는 외국어를 사용해도 괜찮다고 봅니다.

> 저도 _____씨 의견/생각에 동의합니다.
> 제 경우에는….

> 그 말에도 일리가 있기는 한데, 제 생각은 좀 다릅니다. 제 생각에는….

> _____다고 말씀하셨는데 그렇게 쉽게 생각할 문제가 아닙니다.

> 저도 그렇게 생각합니다. 예를 들면….

반박하다 to refute

14-2. 흥미로운 언어

과제

1 다음 주제에 대해서 생각해 보고 토론 주제를 정해 보세요.

줄임말을 사용해도 되는가?	외국어를 배울 때 표준어를 배워야 하는가?
• 줄임말을 사용해도 된다 • 줄임말을 지나치게 사용하면 안 된다	• 외국어를 배울 때 표준어를 배워야 한다 • 사는 지역의 사투리를 배워야 한다

2 앞에서 정한 주제에 대해 찬성 혹은 반대 입장을 선택하고 근거를 정리해 보세요.

찬성	반대
의견	의견
근거	근거

3 찬성과 반대로 팀을 나누고 토론해 보세요.

찬성	반대
• • • •	• • • •

수능, 자판기, 비냉, 물냉

수능, 자판기, 비냉, 물냉. 여러분은 이런 말을 들어 본 적이 있습니까? 이 말들은 한국에서 많이 사용되는 줄임말입니다. 수능은 대학 수학 능력 시험, 자판기는 자동판매기, 비냉은 비빔냉면, 물냉은 물냉면을 줄여서 말한 것입니다. 이런 말들은 오래전부터 사용된 데다가 사람들에게 익숙해져서 오히려 길게 말하는 것이 더 어색하게 느껴질 정도입니다. 수능이나 자판기 같은 말은 많이 쓰여서 하나의 단어로 굳어진 말로 사전에서도 찾아볼 수 있습니다. 여러분 나라에도 이런 말이 있습니까?

발음 Pronunciation

회사 앞에 **싱크홀 [싱크홀]**이 생겨서 교통사고가 났대요.

싱크홀(sinkhole)은 보통 [싱크홀]로 읽어야 하지만 [씽크홀]로 읽는 사람이 많습니다. 발음에 주의하세요.

예) 다음 달에 **싱가포르**로 출장을 가게 되었어요.
　　며칠 동안 설거지를 안 했더니 **싱크대**에 설거지할 접시들이 쌓여 있네요.

자기 평가 Self-Check

☐ 유행어, 줄임말, 외래어 등의 사용과 관련하여 장점과 단점을 이야기할 수 있다.
☐ 자국에서 자주 쓰는 말에 대해 설명하는 글을 쓸 수 있다.
☐ 언어 사용 습관에 대해 토론할 수 있다.

15

소중한 환경 Precious Environment

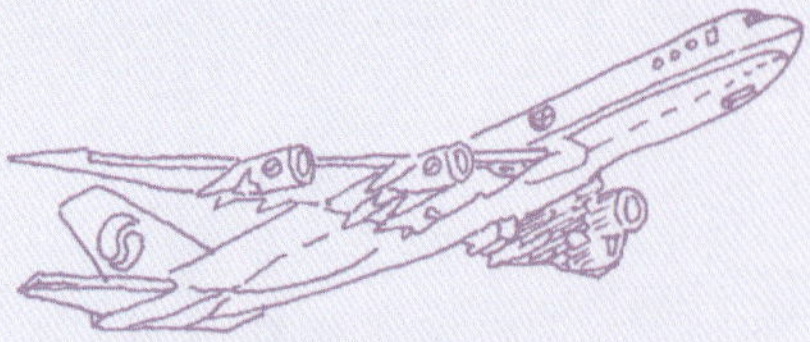

15-1 환경 문제와 원인

15-2 환경 보호

1. 여러분 나라에는 어떤 환경 문제가 있습니까?
2. 환경 문제를 해결하기 위한 방법으로는 어떤 것이 있습니까?

15-1 환경 문제와 원인

1 다음은 환경 문제에 대한 표현입니다. 여러분 나라에는 어떤 문제가 있습니까?

- 대기 오염
- 수질 오염
- 토양 오염
- 환경 오염이 심각하다
- 공기가/강이/땅이 오염되다

2 환경 오염의 원인과 관련된 표현입니다. 여러분 나라에서 가장 심각한 문제의 원인을 이야기해 보세요.

에너지를/자원을 낭비하다

일회용품을 사용하다

매연을 배출하다

폐수를/생활하수를 버리다

숲을/자연을 개발하다

석탄을/석유를 태우다

대기 오염 air pollution 　　수질 오염 water pollution 　　토양 오염 soil pollution
환경 오염이 심각하다 environmental pollution is serious 　　공기가/강이/땅이 오염되다 air/river/land is polluted
에너지를/자원을 낭비하다 to waste energy/material 　　일회용품을 사용하다 to use single-use items
매연을 배출하다 to emit fumes 　　폐수를/생활하수를 버리다 to dump wastewater/domestic sewage
숲을/자연을 개발하다 to exploit a forest/nature 　　석탄을/석유를 태우다 to burn coal/oil

준비 1 부정적인 결과에 대해서 예상해 보세요.

> 가: 설거지하기 귀찮으니까 일회용 컵 쓰자.
> 나: 그러면 안 돼. 자꾸 일회용품을 **쓰다가는** 땅이 오염될 거야.

1) 설거지하기 귀찮으니까 일회용 컵 쓰자. → 땅이….

2) 오늘 너무 피곤하니까 수업에 안 가도 되겠지? → 성적이….

3) 이 케이크 먹자. 맛있겠다. → 충치가….

4) 어제도 밤새 게임했어. → 건강이….

준비 2 어떤 일을 하는 동안 일어난 일에 대해 친구와 이야기해 보세요.

> 가: 대학원 원서 접수는 잘했어요?
> 나: 아니요. 어떤 전공을 할지 **고민하는 사이에** 접수 기간이 끝나 버렸어요.

상황	일어난 일
• 친구가 대학원 원서 접수를 잘했는지 궁금하다	• 전공을 고민하고 있었는데 접수 기간이 끝났다
• 집에 들어와 보니까 타는 냄새가 난다	• 잠깐 친구와 통화를 했는데 음식이 타 버렸다
• 축구 경기에서 비기고 있었는데 우리 팀이 이겼다	• 친구가 휴대폰을 볼 때 우리 팀이 골을 넣었다
• 친구가 책상 위에 놓아둔 메모지가 없어졌다	• 친구가 화장실에 갔을 때 내가 쓰레기인 줄 알고 버렸다

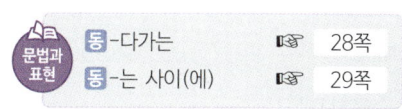

일회용 single-use (disposable)   원서 접수 application submission   기간 period   음식이 타다 food is burnt

Speaking 말하기 15-1

말하기 1 다음은 환경 오염에 대한 대화입니다. 문제 상황에 대해 부정적인 결과를 예상해서 이야기해 보세요.

일 년에 카드를 50장씩 먹는 셈입니다.

1 여자가 이야기한 문제는 무엇입니까?
2 여자는 이 문제가 계속되면 어떤 상황이 될 거라고 생각합니까?

마리: 너 그거 알아? 우리가 일 년에 신용카드를 50장씩 먹고 있대.

하이: 신용카드를 먹는다니? 우리가 왜 카드를 먹어?

마리: 진짜 먹는다는 게 아니고 그 정도 양의 플라스틱을 먹고 있다는 말이야.

하이: 플라스틱을 먹고 있다고? 그게 무슨 말이야?

마리: 요즘 사람들이 플라스틱을 많이 사용하잖아. 사용 후에 버린 플라스틱 쓰레기가 강이나 바다로 떠내려간다는 얘기 들었지?

하이: 응. 그게 플라스틱 먹는 거랑 무슨 상관이야?

마리: 그 플라스틱 쓰레기가 아주 작게 부서져서 물에 섞인대. 그러면 우리가 물을 마시거나 수산물을 먹을 때 눈에 보이지 않을 정도로 작은 플라스틱 조각을 같이 먹을 수 있다는 거지.

하이: 정말? 먹는 물에도 플라스틱이 있다고? 우리가 모르는 사이에 미세 플라스틱을 먹고 있었다는 거네.

마리: 맞아. 이렇게 계속 플라스틱을 사용하고 마구 버리다가는 물속에 물고기보다 미세 플라스틱이 많아질지도 몰라.

하이: 정말 큰일이다. 플라스틱 쓰레기 때문에 땅만 오염되는 줄 알았는데 수질 오염도 심각해지는구나.

양 amount 상관 correlation 플라스틱 plastic 부서지다 to break 섞이다 to be mixed 수산물 seafood
미세 minuteness 물속 in the water

문제 상황 이야기하기

- 요즘 강이나 바다에 플라스틱 쓰레기가 많아지다
- 친구가 계속 다리를 꼬고 앉다
- 아르바이트에 또 지각하다
- 수업 시간에 친구가 계속 메시지를 보내다

상황

- 우리가 모르다/미세 플라스틱을 먹고 있다
- 나도 모르다/습관적으로 다리를 꼬고 앉다
- 휴대폰으로 게임을 하다/버스가 지나가다
- 선생님이 안 보다/몰래 휴대폰을 하다

부정적인 결과 예측하기

- 물속에 물고기보다 미세플라스틱이 더 많아질 것이다
- 허리가 안 좋아질 것이다
- 아르바이트 자리를 잃게 될 것이다
- 선생님한테 경고를 받을 것이다

요즘 강이나 바다에 플라스틱 쓰레기가 많아진 것 같아.

계속 이렇게 플라스틱 쓰레기를 물에 **마구 버리다가는** 물속에 물고기보다 미세 플라스틱이 더 많아질 거야.

맞아. 그래서 **우리가 모르는 사이에** 미세 플라스틱을 많이 먹고 있을지도 몰라.

말하기 2   여러분은 환경을 오염시키는 행동에 어떤 것들이 있다고 생각합니까? 그 행동을 계속하면 어떤 결과가 생길지 친구와 이야기해 보세요.

다리를 꼬다 to cross one's legs   지나가다 to pass

준비 다음 문제의 원인은 무엇입니까?

환경 파괴   수질 오염   토양 오염   대기 오염

듣기 1 다음은 환경 문제 인식에 대한 뉴스입니다. 잘 듣고 질문에 답해 보세요.

1. 무엇에 대해 조사를 했습니까?

2. 그래프를 완성해 보세요.

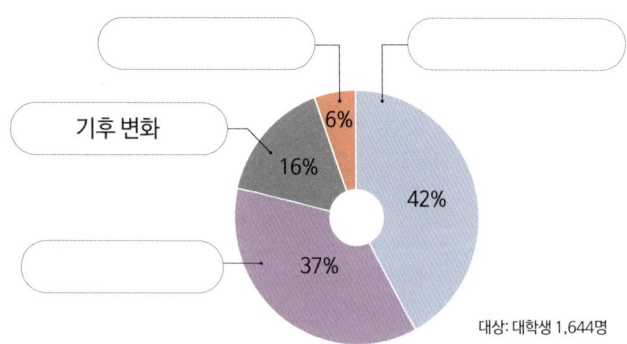

기후 변화 16% / 6% / 42% / 37%

대상: 대학생 1,644명

듣기 2 다음은 환경 오염에 대한 대화입니다. 잘 듣고 질문에 답해 보세요.

1. 두 사람은 무엇에 대해 이야기하고 있습니까?

2. 여자의 생각으로 가장 알맞은 것을 고르세요.

① 청소할 때 물티슈를 사용하는 게 좋다.
② 물티슈를 자주 쓰면 환경 오염이 심해진다.
③ 물티슈를 재활용할 수 있도록 홍보해야 한다.

인식 awareness   일부분 part   완성하다 to complete   미세 먼지 fine dust   꼽다 to be counted   물티슈 wet wipe
성분 component

듣기 3 다음은 환경 오염에 대한 대담입니다. 잘 듣고 질문에 답해 보세요.

대기환경연구소 김민수 소장

1 무엇에 대해 이야기하고 있습니까?

① 환경 오염에 대한 조사 결과
② 미세 먼지가 환경에 미치는 영향
③ 대기 오염의 심각성과 오염 원인

2 대담의 내용과 일치하는 것을 고르세요.

① 서울의 미세 먼지 상황은 점점 나아지고 있다.
② 오염 물질은 겨울보다 여름에 더 많이 생긴다.
③ 에너지를 얻는 과정에서 오염 물질이 발생한다.

3 앞으로 이어질 내용은 무엇입니까?

친구들과 이야기해 보세요.

- 여러분은 사람들이 무엇을 낭비한다고 생각합니까? (에너지, 물, 전기, 종이…)
- 여러분 나라에서 사람들의 생활 습관 때문에 생긴 환경 오염 문제는 무엇입니까?

물질 substance   이어지다 to continue   심각성 seriousness   우려하다 to be worried about   소장님 division manager
범위 range   경제 활동이 활발하다 economic activity is active   다량 large amount   이미 already   냉방 air-conditioning
단계 stage   인체 human body   버티다 to endure   절실하다 to be desperate

환경 보호

1 다음은 환경을 보호하는 방법에 대한 표현입니다. 여러분은 어떤 일을 하고 있습니까?

환경을 보호하다

자원을 재활용하다

분리해서 버리다

에너지를/전기를/물을 아끼다

(비닐봉지를 장바구니로) 대체하다

대중교통을 이용하다

2 다음은 '-되다/-하다'로 끝나는 동사입니다. 상황에 맞는 표현을 연결해 보세요.

1) 지진 때문에 건물이 모두 무너졌어요. • • 개발되다/개발하다

2) 기후가 변해서 사막이 점점 늘어나고 있어요. • • 해결되다/해결하다

3) 이곳은 예전에는 숲이었는데 관광지가 되었어요. • • 처리되다/처리하다

4) 정부의 새로운 정책 덕분에 쓰레기가 줄었어요. • • 파괴되다/파괴하다

5) 폐수를 깨끗하게 만든 후에 강에 흘려보내야 해요. • • 확대되다/확대하다

환경을 보호하다 to protect the environment
분리해서 버리다 to separate and throw away
(비닐봉지를 장바구니로) 대체하다 to replace (plastic bag with shopping basket)
대중교통을 이용하다 to use public transportation
해결되다/해결하다 to be solved/to solve
파괴되다/파괴하다 to be destroyed/to destroy
자원을 재활용하다 to recycle resources
에너지를/전기를/물을 아끼다 to conserve energy/electricity/water
개발되다/개발하다 to be developed/to develop
처리되다/처리하다 to be processed/to process
확대되다/확대하다 to be expanded/to expand

읽기

준비 다음은 환경 보호 방법에 대한 인포그래픽입니다. 정리해서 발표해 보세요.

최근 _____ 으로 인해 쓰레기가 증가하고 있습니다. 늘어난 쓰레기는 환경 오염의 주요 원인이 되므로 일회용품의 사용을 줄여야 합니다. 또한 쓰레기를 마구 버리면 재활용할 수 없습니다. 그러므로 자원의 낭비를 막기 위해 쓰레기를 _____ 을 것이 아니라 분리해서 버려야 합니다. 이런 작은 노력들을 통해 지구를 지킬 수 있다고 생각합니다.

문법과 표현
- 명 으로 인해(서) ☞ 30쪽
- 동 -을 것이/게 아니라 ☞ 31쪽

지구 earth   주요 major

읽기 1 다음은 환경 보호에 대한 신문 기사입니다. 잘 읽고 질문에 답해 보세요.

환경 보호 실천 앱, '기후 행동 1.5℃' 출시

최근 폭염, 잦은 태풍, 폭우 등으로 인해 많은 피해가 발생하고 있다. 서울시에서는 생활 속에서 쉽게 실천할 수 있는 '기후 행동 1.5℃'라는 앱을 만들어서 홍보하고 있다. 기후 행동은 환경을 보호하는 데 도움이 되는 생활 방식을 의미한다.

우선 휴대폰에 이 앱을 설치하고 '가까운 거리는 걸어가기', '장을 볼 때는 비닐봉지 대신 장바구니를 사용하기' 등 여기에서 제시한 열 가지 방법을 실천한다. 그러면 참여 정도에 따라 세금을 깎아 주는 등의 다양한 혜택을 제공받을 수 있다. 앞으로 서울시는 시민들이 적극적으로 환경 보호 운동에 참여할 수 있도록 앱에서 제공하는 혜택을 확대할 예정이다.

전문가들은 환경 보호를 위해 대단한 것만 생각할 것이 아니라 작은 일부터 실천해야 한다고 조언한다. 서울시의 이런 노력은 환경 보호에 대한 시민들의 관심을 불러일으켜서 긍정적인 결과를 가져올 것으로 기대된다.

기후 행동 1.5℃

1. 서울시에서 무엇을 만들었습니까?

2. 이 기사의 내용과 일치하지 <u>않는</u> 것을 고르세요.
   ① 기후 행동은 환경을 보호하는 데 도움이 되는 생활 방식이다.
   ② 앱에서 제시한 방법대로 행동하면 여러 가지 혜택을 받을 수 있다.
   ③ 환경 보호를 위해 작은 노력보다는 전문적인 방법들을 생각해야 한다.

출시 launch   잦다 to be frequent   발생하다 to occur   세금 tax   불러일으키다 to bring about

읽기 2 다음은 환경 문제에 대한 칼럼입니다. 잘 읽고 질문에 답해 보세요.

경제 발전과 더불어 자연환경이 파괴되고 환경 오염도 갈수록 심각해지고 있다. 사람들은 대기 오염처럼 일상생활에서 바로 느끼는 문제에 대해서는 주목하지만 다른 환경 문제에 대해서는 주의를 기울이지 않는다. 특히 바다의 오염 문제는 우리가 모르는 사이에 더욱 심각해지고 있다.

그린피스에 의하면 매년 바다에 버려지는 플라스틱 쓰레기의 양은 약 800만 톤이라고 한다. 이렇게 바다에 버려진 플라스틱은 잘게 부서져 미세 플라스틱이 된다. 사람들이 미세 플라스틱으로 오염된 수산물을 먹고, 이것이 인체에 쌓이면 큰 문제가 될 수 있다. 또한 공장 폐수나 생활하수로 인해 강과 바다가 오염되고 있다. 폐수나 하수는 깨끗하게 처리한 후 바다에 버려야 하지만 기업은 폐수 처리 비용을 줄이기 위해 그냥 바다에 흘려보낸다.

이런 문제를 해결하기 위해서는 정부나 기업뿐만 아니라 우리 스스로도 환경 보호를 위해 노력해야 한다. 첫째, 일회용품의 사용을 줄여야 한다. 일회용품은 잘 썩지 않는 데다가 쓰레기를 처리하는 과정에서 많은 에너지를 사용하기 때문이다. 편리하다고 일회용품을 마구 사용할 것이 아니라 귀찮아도 다회용품을 사용해야 한다. 둘째, 빨래는 모아서 하고 샤워 시간을 줄이는 등 생활하수를 줄이기 위한 노력도 필요하다. 쓰레기나 폐수를 잘 처리하는 것만큼 적게 만들어 내는 것도 중요하기 때문이다.

위에서 이야기한 것 외에도 우리가 일상생활에서 환경 보호를 위해 할 수 있는 일은 매우 다양하다. 지금이라도 환경이 오염되지 않도록 노력한다면 깨끗하고 안전한 환경을 되찾을 수 있을 것이다.

1 이 글에서 소개한 내용을 모두 고르세요.

☐ 대기 오염의 심각성   ☐ 수질 오염의 원인   ☐ 오염 문제의 해결 방법   ☐ 문제 해결을 위한 정부의 노력

2 이 글의 내용과 일치하지 <u>않는</u> 것을 고르세요.

① 사람들이 미세 플라스틱으로 오염된 수산물을 먹으면 문제가 될 수 있다.
② 쓰레기나 폐수를 잘 처리할 수 있다면 아무리 많은 양이 나와도 문제가 되지 않는다.
③ 수질 오염 문제를 해결하려면 개인들도 일상생활에서 환경 보호를 위해 노력해야 한다.

3 이 글에 나온 환경 보호 방법이 <u>아닌</u> 것을 고르세요.

① 카페에서 음료를 마실 때 플라스틱 컵 대신 머그 컵을 사용한다.
② 빨래는 매일 하는 것보다 어느 정도 빨래가 모였을 때 한꺼번에 한다.
③ 음식 배달을 시킬 때 나무젓가락을 함께 주문하면 돈을 더 내게 한다.

💬 **여러분도 환경 보호를 위해 노력하는 것이 있습니까? 친구와 이야기해 보세요.**

더불다 to do together   톤 ton   흘려보내다 to let it flow   다회용품 multi-use product   머그 컵 mug

쓰기

준비 여러분 나라에서 가장 심각한 환경 오염 문제와 그 원인은 무엇입니까?

💬 환경 문제의 해결 방법은 무엇입니까? 아래에 메모하고 친구들과 이야기해 보세요.

환경 오염의 종류	대기 오염	
환경 오염의 원인	자동차 매연	
해결 방법	대중교통 이용, 가까운 거리 걷기	

> 제 고향은 마스크를 쓰지 않으면 외출을 할 수 없을 정도로 대기 오염이 심각합니다. 여러 원인 중에서도 자동차 매연으로 인한 대기 오염이 심한 편입니다. 자동차 매연을 줄이기 위해서 가능하면 자가용을 탈 게 아니라 대중교통을 이용하고 가까운 거리는 걸어 다니는 것이 좋을 것 같습니다.

쓰기 위에서 이야기한 것을 바탕으로 여러분 나라에서 문제 되는 환경 오염의 종류와 원인, 해결 방법에 대해 써 보세요.

언어교육원에서 열리는 벼룩시장에서 어떤 물건을 팔지 친구들과 토의하고 포스터를 만들어 보세요.

준비 여러분이 많이 가지고 있는 물건은 무엇입니까? 이 물건 중에서 사용하지 않거나 여러분에게 필요하지 않은 물건이 있습니까? 목록을 만들고 가격을 정해 보세요.

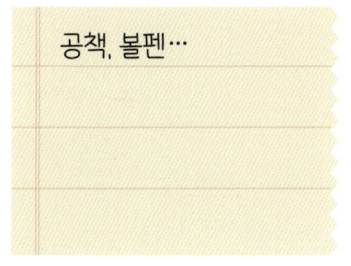

공책, 볼펜…

저는 예쁜 공책이나 볼펜을 모으는데 너무 많아서 다 사용하지 못할 정도예요. 그리고 또….

벼룩시장 flea market

1 비슷한 종류의 물건을 가진 친구들과 팀을 만들고 물건을 홍보하는 포스터를 만들어 보세요.

2 판매대를 만들고 벼룩시장을 열어서 물건을 팔아 보세요.

판매대 stand

쓰레기 종량제, 재활용품 분리수거

한국에서는 쓰레기를 줄이기 위해 1995년부터 쓰레기 종량제를 시행하고 있습니다. 쓰레기 종량제는 쓰레기를 버리는 만큼 돈을 내는 제도를 말합니다. 지역에 따라 다르기는 하지만 쓰레기는 종류별로 분리해서 버려야 합니다. 재활용할 수 있는 종이, 병, 캔 등은 모아서 따로 버립니다. 음식물 쓰레기도 따로 버려야 하고 버릴 때 돈을 내도록 하고 있습니다.

통계에 따르면 이런 제도를 시행한 후에 쓰레기가 줄었다고 합니다. 유리나 플라스틱 등의 쓰레기를 재활용하면 자원을 절약할 수 있다는 장점도 있습니다. 여러분 나라에서는 쓰레기를 줄이기 위해 어떤 노력을 기울이고 있습니까?

발음 Pronunciation

환경 오염이 심각해서 정말 **큰일이다**.

어떤 일에 대해 놀라거나 감탄하며 말할 때에는 '-다'의 부분을 살짝 내렸다가 올려서 말합니다.

- 예) 오늘 눈이 정말 많이 **온다**.
  이 식당은 음식이 정말 **맛있다**.

자기 평가 Self-Check

- ☐ 앞으로 일어날 부정적인 결과에 대해 예측해서 이야기할 수 있다.
- ☐ 환경 문제의 원인과 해결 방법에 대해 글을 작성할 수 있다.
- ☐ 벼룩시장 포스터를 만들고 자기가 쓰지 않는 물건을 사고팔 수 있다.

16 동물과 식물
Animals & Plants

16-1 반려동물의 의미

16-2 멸종과 보호

1 여러분은 반려동물, 반려식물이라는 말을 들으면 어떤 생각이 듭니까?
2 과거에는 많았지만 현재 점점 사라지고 있는 동물이나 식물에는 어떤 것이 있습니까?

반려동물의 의미

1 다음은 반려동물을 키울 때의 장단점에 대한 표현입니다. 장점과 단점으로 나눠 보세요.

- 외로움을 달래다
- 배설물을 치우다
- 사회성을 키우다

장점
- 외로움을 달래다

단점
- 집이 지저분해지다

- 집이 지저분해지다
- 우울증을 예방하다
- 관리가 힘들다
- 심리적 안정감을 높이다

2 '-성'은 어떤 성질을 가지고 있다는 뜻입니다. 다음 표현을 사용해서 상황을 설명해 보세요.

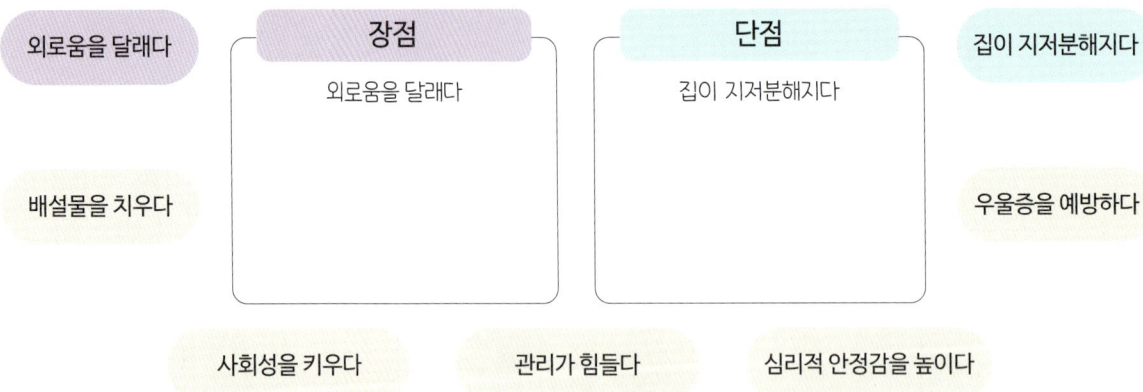

가능성 / 필요성 / 다양성

사회성 / 공격성

- 외로움을 달래다 to console one's loneliness
- 배설물을 치우다 to clean up the excrement
- 사회성을 키우다 to develop social skills
- 심리적 안정감을 높이다 to increase psychological stability
- 필요성 necessity
- 다양성 diversity
- 집이 지저분해지다 house get messy
- 우울증을 예방하다 to prevent depression
- 관리가 힘들다 to be hard to manage
- 가능성 possibility
- 사회성 sociality
- 공격성 aggression

말하기 Speaking 16-1

준비 1 반복되는 상황에 대한 불만을 이야기해 보세요.

가: 전에 있던 강아지 어디 갔어?
나: 강아지와 고양이가 자꾸 **싸워 대서** 강아지는 친구 집에 보냈어.

1) 전에 있던 강아지 어디 갔어?

2) 그림 잘 보고 왔어? 그 작품 보고 싶다고 했잖아.

3) 주말에 카페에서 공부한다고 했지? 공부 많이 했어?

4) 어제 영화 재미있게 봤어?

준비 2 다음 상황에 대해 친구와 이야기해 보세요.

가: 너무 피곤한데 강아지 산책을 오늘 하루쯤은 쉬어도 되겠지?
나: 아니. 네가 **피곤하더라도** 강아지 건강을 위해서 매일 산책을 시키는 게 좋아.

상황	조언
• 피곤해서 강아지 산책을 오늘은 쉬려고 하다	• 피곤해도 강아지 건강을 위해….
• 귀찮으니까 일회용 컵을 쓰자고 하다	• 귀찮아도 환경 보호를 위해서….
• 길에서 개한테 물렸는데 심하지 않아서 약만 바르다	• 심하지 않아도 병원에….
• 거래처에 연락할 때 한국어로 말하기가 어려워서 이메일로 연락하다	• 어려워도 이메일은 시간이 걸리니까 직접….

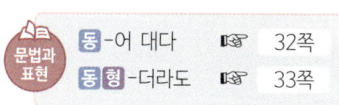

문법과 표현: 동 -어 대다 ☞ 32쪽 / 동형 -더라도 ☞ 33쪽

거래처 customer/business account

말하기 1 다음은 반려동물에 대한 대화입니다. 반복되는 행동에 대한 걱정을 이야기하고, 조언해 보세요.

1 여자에게는 어떤 문제가 있습니까?
2 남자의 조언은 무엇입니까?
3 여자는 공동주택에서 개를 키우는 것에 대해 어떻게 생각합니까?

닛쿤: 제니, 새로 이사 간 집은 어때?

제니: 학교도 가깝고 월세도 싼데 한 가지 문제가 있어.

닛쿤: 문제? 무슨 문젠데?

제니: 옆집에서 반려견을 키우는데 이 개가 나만 보면 짖어 대. 복도에서 만나면 물까 봐 겁이 나서 옆을 지나가지도 못할 정도야.

닛쿤: 겁이 나더라도 티를 내지 말고 자연스럽게 행동하는 게 좋아. 주의를 끄는 행동을 하면 물릴 가능성이 있어.

제니: 그 개가 원래 사냥을 하던 개라서 공격성이 강하다고 들었어. 게다가 나만 보면 금방이라도 물 것처럼 짖어 대는데 어떻게 자연스럽게 행동할 수가 있겠어.

닛쿤: 그러면 주인에게 입마개를 씌워 달라고 부탁해 봐. 공격성이 강한 개들은 입마개를 해야 된대. 얌전한 개라도 다른 사람들이 무서워하면 입마개를 해야 될 것 같아.

제니: 그래. 한번 말해 볼게. 근데 공동주택에서 왜 그렇게 큰 개를 키우지? 이해가 안 돼.

닛쿤: 큰 개라고 해서 다 공격성이 강한 건 아니야. 순한 개도 많아.

제니: 주위 사람들에게 피해를 줄 수 있다면 처음부터 키우지 말아야 하는 거 아니야?

반복되다 to be repeated   반려견 companion dog   복도 hallway   물다 to bite   티를 내다 to show off
주의를 끌다 to draw attention   사냥하다 to hunt   입마개 muzzle   순하다 to be gentle

반복되는 문제 행동	조언 1
• 옆집 개가 나만 보면 짖을 때 • 길고양이가 밤낮없이 집 근처에서 울 때 • 친구가 자꾸 줄임말을 쓸 때 • 직장 동료가 자주 개인적인 부탁을 할 때	• 겁이 나도 자연스럽게 행동하는 것이 좋다 • 시끄러워도 조금만 참으면 괜찮아질 것이다 • 처음에는 이해하기 힘들어도 적응될 것이다 • 부담스러워도 못 한다고 이야기하는 것이 좋다

걱정	조언 2
• 공격성이 강한 개라서 무섭다 • 계속 고양이가 울 것 같다 • 오해가 생길 가능성이 있다 • 사회성이 부족하다는 이야기를 들을 것 같다	• 주인에게 입마개를 씌워 달라고 부탁하는 것이 좋다 • 구청이나 동물 보호 단체에 문의하는 것이 좋다 • 친구에게 줄임말을 쓰지 말라고 부탁하는 것이 좋다 • 남들이 하는 말을 다 신경 쓰지 않는 것이 좋다

옆집 개가 나만 보면 **짖어 대**.

겁이 나더라도 자연스럽게 행동하는 게 좋아.

그 개가 공격성이 강한 개라고 들었어. 그래서 물릴까 봐 무서워.

주인에게 입마개를 씌워 달라고 부탁해 보는 건 어떨까?

말하기 2 반려동물, 반려식물을 키울 때 어떤 문제가 생길 것 같습니까? 그 문제가 동물이나 식물을 키우는 데 영향을 준다고 생각합니까? 친구와 이야기해 보세요.

밤낮없이 day and night   구청 district office   동물 보호 단체 animal rights group

듣기 (Listening) 16-1

준비 여러분은 반려동물이나 반려식물을 키워 본 적이 있습니까? 그 동물과 식물을 어디에서 데려왔습니까?

듣기 1 다음은 반려동물에 대한 대화입니다. 잘 듣고 질문에 답해 보세요.

1. 두 사람은 무엇에 대해 이야기하고 있습니까?

2. 안나가 이 문제에 반대하는 이유를 모두 고르세요.
   - ☐ 관리 비용이 많이 든다.
   - ☐ 가구가 엉망이 될 수 있다.
   - ☐ 털과 배설물 때문에 집이 더러워진다.
   - ☐ 여행할 때 고양이를 데리고 다닐 수 없다.

듣기 2 다음은 반려동물에 대한 뉴스입니다. 잘 듣고 질문에 답해 보세요.

1. 조사한 내용을 모두 고르세요.
   - ☐ 한 달에 드는 비용이 얼마인가?
   - ☐ 키우는 반려동물의 종류는 무엇인가?
   - ☐ 앞으로 반려동물을 키울 생각이 있는가?
   - ☐ 반려동물을 키울 때의 어려운 점은 무엇인가?

2. 뉴스의 내용과 일치하지 않는 것을 고르세요.
   ① 전체 가구의 약 20%가 반려동물을 키운다고 응답했다.
   ② 앞으로 지금보다 반려동물을 키우는 가구가 더 증가할 것이다.
   ③ 외로움을 달래기 위해서 반려동물을 키운다는 응답이 가장 많았다.

가구(소파 등) furniture   털 fur   화물칸 cargo   태우다 to take   발톱 toenail   (1인) 가구 (single-person) household

듣기 3 다음은 반려동물에 대한 대담입니다. 잘 듣고 질문에 답해 보세요.

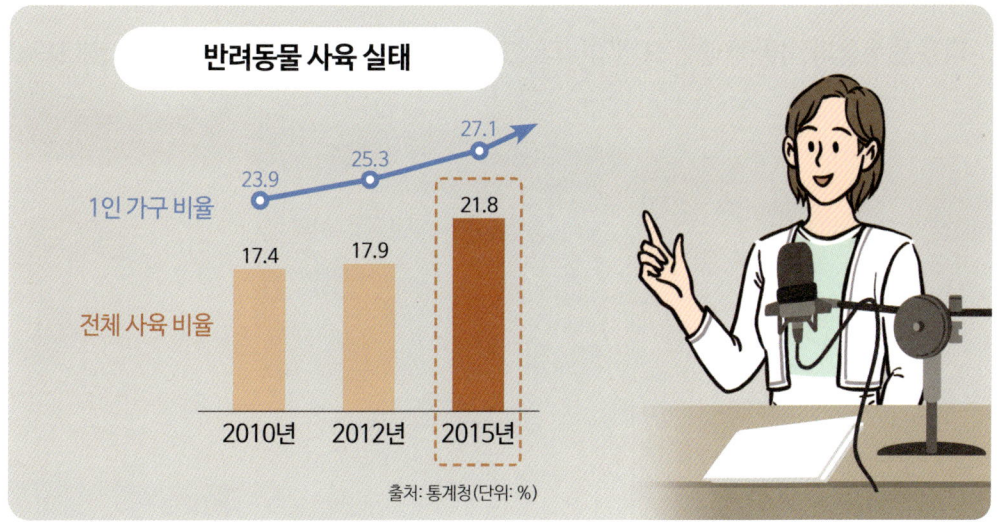

1 무엇에 대해 이야기하고 있습니까?

① 선호하는 반려동물 종류
② 반려동물을 키울 때 주의할 점
③ 반려동물이 사람에게 주는 영향

2 여자가 제시한 반려동물을 키울 때의 장점을 모두 고르세요.

☐ 가족처럼 의지할 수 있다.
☐ 우울증을 예방할 수 있다.
☐ 심리적인 안정감을 높여 준다.
☐ 1인 가구의 책임감을 길러 줄 수 있다.
☐ 형제자매와의 관계를 원만하게 만든다.

 친구들과 이야기해 보세요.

- 여러분 나라에서는 어떤 반려동물을 많이 키웁니까?
- 반려동물을 키울 때 주의해야 할 점은 무엇이라고 생각합니까?

사육 animal raising   형제 brother   자매 sister   전문의 specialist   급증하다 to surge   자라다 to grow up
반려묘 companion cat   관찰하다 to observe

멸종과 보호

1 다음은 동물과 식물에 대한 표현입니다. 그림에 나온 동물, 식물에 대해 이야기해 보세요.

멸종되다

훈련시키다

서식하다

번식시키다

동물원에/수족관에 가두다

2 동물과 식물 보호에 대한 표현입니다. 어떤 방법이 동물과 식물을 보호하는 데에 효과적일 것 같습니까?

- 먹이를 주다
- 동물원을/식물원을 만들다
- 사냥을 금지하다
- 서식지를 보호하다
- 자연으로 돌려보내다

멸종되다 to become extinct　　훈련시키다 to train　　서식하다 to inhabit　　번식시키다 to breed
동물원에/수족관에 가두다 to cage in a zoo/aquarium　　먹이를 주다 to feed
동물원을/식물원을 만들다 to create a zoo/botanical garden　　사냥을 금지하다 to ban hunting
서식지를 보호하다 to protect the habitat　　자연으로 돌려보내다 to return to the wild

준비 다음은 동물의 멸종 원인에 대한 인포그래픽입니다. 정리해서 발표해 보세요.

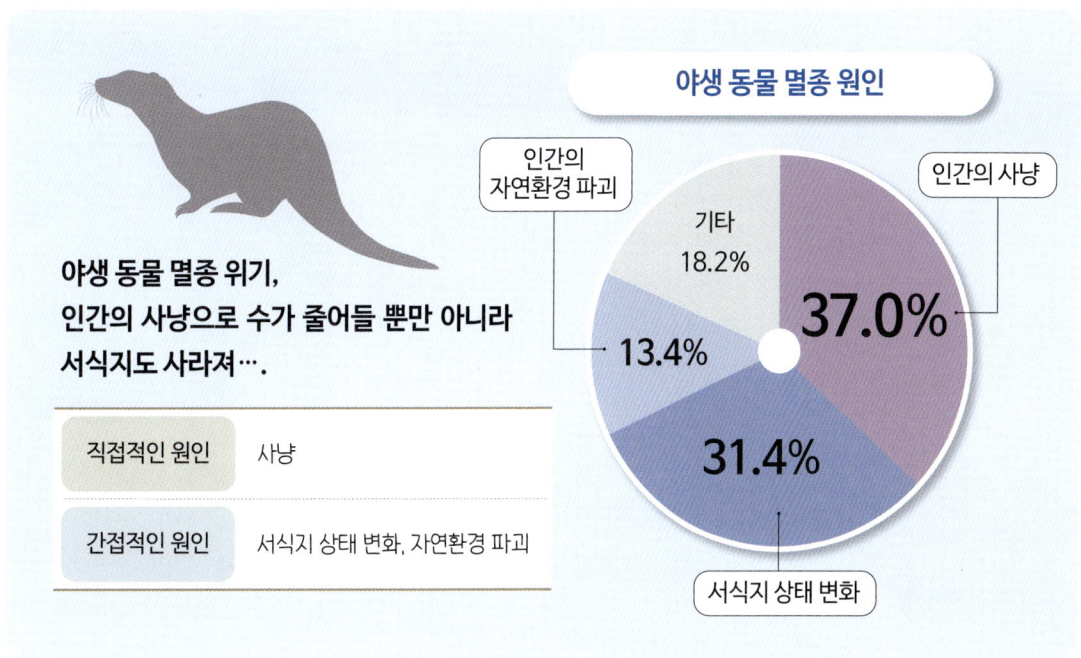

예전에는 흔히 볼 수 있던 야생 동물들이 _____에 의해 멸종되고 있습니다. 인간의 사냥(37%)은 야생 동물 멸종의 직접적인 원인이 되고 있으며, 서식지 상태 변화(31.4%)와 자연환경의 파괴(13.4%)는 야생 동물 서식지 감소에 영향을 미치고 있습니다. 즉, 인간의 사냥으로 야생 동물 수가 줄어들었을 뿐만 아니라 인간 때문에 야생 동물의 _____ 마저 사라져 버린 것입니다.

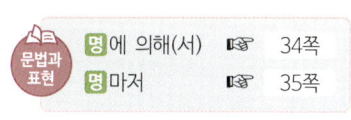

직접적이다 to be direct   간접적이다 to be indirect   야생 동물 wild animal

Reading 읽기 16-2

읽기 1 다음은 벨루가에 대한 신문 기사입니다. 잘 읽고 질문에 답해 보세요.

수족관에 홀로 남은 벨루가, 자연으로 돌려보내야

여수 수족관에 홀로 남은 흰고래 벨루가를 자연으로 돌려보내야 한다는 주장이 나왔다. 벨루가는 2008년 세계자연보전연맹에 의해 멸종 위기종으로 지정됐으며 귀여운 외모로 사람들에게 인기가 많다. 지난 몇 년 사이에 여수 수족관에서 살던 세 마리의 벨루가 중 두 마리가 죽었다. 동물 보호 단체는 남은 벨루가마저 죽을 수 있으므로 원래 서식지인 북극해로 돌려보내야 한다고 주장하고 있다. 하루에 수천 킬로미터를 이동하는 벨루가를 좁은 수족관에 가두면 스트레스로 인해 일찍 죽을 수도 있기 때문이다. 또한 수족관에서 벨루가를 훈련시키기 위해 먹이를 주지 않거나 때리는 경우도 있어서 더욱 문제가 되고 있다. 그러나 환경의 변화와 먹이 부족 때문에 벨루가가 멸종될 가능성이 있으므로 수족관에서 보호하고 인공적으로 번식시켜야 한다는 의견도 있다.

2023년 현재 국내 수족관에서는 관람, 체험을 위해 벨루가를 비롯해 모두 스물한 마리의 고래류를 키우고 있다. 멸종 위기에 있는 동물들을 진정으로 보호하는 방법이 무엇인지 다시 한번 생각해 볼 때이다.

1 동물 보호 단체의 주장은 무엇입니까?

2 이 기사의 내용과 일치하지 <u>않는</u> 것을 고르세요.

① 흰고래 벨루가가 원래 서식하던 곳은 북극해이다.
② 벨루가를 수족관에서 보호하는 것에 대해 논란이 있다.
③ 벨루가의 멸종 위기 원인은 사람들이 수족관에 가뒀기 때문이다.

벨루가 beluga whale   홀로 alone   흰고래 white whale   지정되다 to be designated   여수 Yeosu
북극해 Arctic Ocean   수천 thousands   킬로미터 kilometer   더욱 increasingly   인공적 artificial
고래류 cetaceans   진정으로 truly

읽기 2   다음은 한국호랑이에 대한 설명문입니다. 잘 읽고 질문에 답해 보세요.

호랑이는 한국의 옛날이야기나 속담에 자주 등장할 정도로 한국인에게 친숙한 동물이었다. 하지만 지금은 더 이상 한국에서 호랑이를 볼 수 없게 됐다. 그 많던 호랑이들은 다 어디로 갔을까?

한국호랑이를 연구하는 전문가에 의하면 한반도에서 호랑이의 수가 줄기 시작한 것은 조선 전기부터라고 한다. 농사짓는 땅이 늘고 호랑이의 서식지 면적이 줄어들면서 호랑이가 먹이를 구하는 것이 어려워졌기 때문이다. 특히 일제강점기에는 사람을 위협하는 나쁜 동물을 없앤다는 정책을 펴서 호랑이를 마구 사냥하고 잡아들였다. 결국 1922년 경주 대덕산에서 마지막 한국호랑이가 사람들에 의해 사냥당하면서 한국호랑이는 한반도에서 사라졌다.

그러나 한국호랑이가 완전히 멸종된 것은 아니다. 한국호랑이와 동일한 유전자를 가진 시베리아호랑이가 러시아 연해주 지역에 400~500여 마리 정도 서식하고 있기 때문이다. 러시아 정부는 호랑이 서식지를 보호하고 사냥을 금지하는 정책을 펴고 있다. 한국에서도 호랑이의 멸종을 막기 위해 서울대학교 수의대 연구원들이 중심이 된 단체에서 연구와 캠페인을 진행하고 있다. 그러나 공식적으로 정부에 의해 추진되고 있는 정책이나 연구는 없다.

호랑이는 한민족의 정신을 상징하는 동물이다. 러시아에 서식하는 시베리아호랑이마저 멸종된다면 더 이상 지구에서 한국호랑이를 찾아볼 수 없게 될 것이다. 한국호랑이의 멸종을 막으려면 남아 있는 한국호랑이의 후손에 대해 관심을 가질 필요가 있다.

1   이 글에 나오지 <u>않은</u> 것을 고르세요.

① 한국호랑이의 서식지
② 한국호랑이의 멸종 원인
③ 한국 정부의 호랑이 보호 정책

2   이 글의 내용과 일치하지 <u>않는</u> 것을 고르세요.

① 러시아 정부는 한국호랑이의 사냥을 허용하고 있다.
② 한국호랑이의 수가 줄어든 것은 조선 시대부터이다.
③ 러시아에 서식하는 호랑이는 한국호랑이와 같은 종류이다.

💬   **여러분은 동물과 식물의 멸종을 막기 위해 동물원이나 식물원에서 보호하고 번식시키는 것에 대해 어떻게 생각합니까? 친구와 이야기해 보세요.**

한반도 Korean Peninsula   조선 Joseon   전기 early period   면적 area   일제강점기 Japanese colonial era   위협하다 to threaten
정책 policy   완전히 completely   동일하다 to be the same   수의대 college of veterinary medicine   공식적으로 officially
추진되다 to push ahead   한민족 Korean people   정신 spirit   상징하다 to symbolize   후손 descendants   허용하다 to allow

Writing 쓰기 16-2

준비 여러분 나라에도 멸종 위기에 있는 동물, 식물이 있습니까?

멸종 위기에 처한 원인과 보호 방법은 무엇입니까? 아래에 메모하고 친구들과 이야기해 보세요.

멸종 위기 동물/식물	반달가슴곰	
멸종 위기에 처한 원인	서식지 파괴와 사냥	
멸종 위기 동물/식물의 보호 방법	• 서식지 보호하기. • 인공적으로 번식시킨 후 자연에 적응할 수 있도록 훈련시켜서 자연으로 돌려보내기.	

> 지리산에 주로 서식하는 반달가슴곰은 멸종 위기종입니다. 환경 오염에 의해 반달가슴곰의 서식지가 파괴된 데다가 인간들의 사냥에 의해 그 수가 급격히 줄어들었습니다. 반달가슴곰의 멸종을 막기 위해 한국 정부는 서식지를 보호할 뿐만 아니라 반달가슴곰을 인공적으로 번식시킨 후 자연에 적응할 수 있도록 훈련시켜서 자연으로 돌려보내는 사업을 하고 있습니다.

쓰기 위에서 이야기한 것을 바탕으로 여러분 나라에서 멸종 위기에 있는 동물, 식물과 멸종 위기에 처한 원인, 그 보호 방법에 대해 써 보세요.

멸종 위기에 처하다 to be on the brink of extinction

🗨 동물/식물 사전을 만들려고 합니다. 여러분 나라에서 인기 있는 동물과 식물을 소개하는 카드를 작성하고 동물/식물 사전을 만들어 보세요.

이름	삽살개
서식지	한국 동남부
성격	인내심이 강하며 보호자에게 강한 애정을 가짐.
크기	52~63cm, 20kg~30kg
색상	청회색, 황색, 흰색 등
특징	긴 털로 덮여 있고 사자를 닮아 사자개라고도 불림. '삽살'은 귀신과 불운을 쫓는다는 의미임. 멸종될 뻔했으나 경북대 교수들에 의해 보존됨.

준비 다음은 동물과 식물을 소개할 때 필요한 항목입니다. 자신이 선택한 동물이나 식물에 대해 조사하고 정리해 보세요.

동물 소개	식물 소개
• 이름 • 서식지 • 성격 • 크기 • 색상 • 특징	• 이름 • 서식지 • 번식 방법 • 크기 • 색상 • 특징

16-2. 멸종과 보호

1 친구들에게 조사한 동물과 식물에 대해 소개해 보세요.

> 제가 조사한 동물은 삽살개입니다. 삽살개는….

튤립

판다

코끼리

단풍나무

원숭이

2 비슷한 종류의 동물과 식물을 모으고 소개할 순서를 정해 보세요.

3 동물/식물 사전을 만들어서 전시해 보세요.

한국 사람들이 좋아하는 반려동물

가장 좋아하는 반려동물은?
1위 개 60% 2위 고양이 8% 3위 새 2% 4위 토끼 1%

예전에는 좋아해서 가까이 두고 귀여워하며 기르는 동물이라는 뜻으로 집에서 키우는 동물을 애완동물이라고 불렀습니다. 요즘에는 가족처럼 의지하며 함께 지낸다는 뜻으로 반려동물이라고 부르는 경우가 많아졌습니다. 한국 사람들이 가장 좋아하는 반려동물은 개입니다. 고양이를 키우는 사람들이 많아졌지만 아직까지는 개를 키우는 사람이 가장 많은 것으로 나타났습니다. 그리고 개나 고양이가 아닌 고슴도치 같은 특이한 반려동물을 키우는 사람도 늘어나고 있습니다. 이렇게 반려동물이 늘어나면서 반려동물과 함께 이용할 수 있는 카페나 호텔, 미용실 등이 생기고 있습니다. 여러분 나라에서 사람들이 좋아하는 반려동물은 무엇입니까?

발음 Pronunciation

주의를 끄는 행동을 하면 물릴 **가능성 [가능썽]**이 있어.

'가능성', '다양성', '필요성', '사회성'의 '-성'은 [썽]으로 읽습니다.

예) 세계 여러 나라의 영화를 보면 문화의 **다양성**을 느낄 수 있어요.
한국어 말하기 실력을 향상시키기 위해 많은 사람과 이야기할 **필요성**이 있습니다.

자기 평가 Self-Check

- ☐ 반려동물을 키울 때의 장점과 단점에 대해 소개할 수 있다.
- ☐ 멸종 위기 동물의 멸종 원인에 대해 설명하는 글을 작성할 수 있다.
- ☐ 동물, 식물에 대해 조사하고 동물/식물 사전을 만들 수 있다.

17 과학과 생활 Science & Life

- **17-1** 일상생활 속 과학
- **17-2** 과학 지식의 활용

1 여러분은 과학 시간에 어떤 것들을 배웠습니까?
2 우리 생활 속에서 과학이 활용되는 예를 말해 보세요.

일상생활 속 과학

1 다음은 과학에 대한 태도를 표현한 말입니다. 여러분은 과학에 대해 어떤 생각을 가지고 있는지 이야기해 보세요.

- 흥미롭다
- 원리가 궁금하다
- 호기심이 생기다
- 흥미가 없다
- 골치가 아프다
- 질색하다/질색이다

2 다음은 유전과 관련된 표현입니다. 여러분에게 해당되는 것은 어느 것입니까?

- 유전되다
- 유전자가 전달되다
- 유전적 특징이 나타나다
- 유전자를 물려받다
- 유전자를 찾아내다

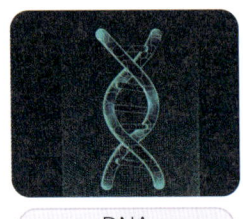
DNA

쌍꺼풀

곱슬머리

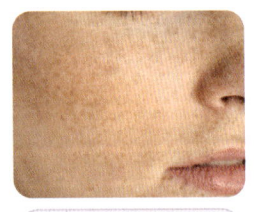
주근깨

흥미롭다 to be interesting 원리가 궁금하다 to be curious about the principle 호기심이 생기다 to become curious
흥미가 없다 to be uninterested 골치가 아프다 to have a headache 질색하다/질색이다 to detest/to hate
유전되다 to be inherited 유전자가 전달되다 gene has transferred
유전적 특징이 나타나다 to have a generic trait 유전자를 물려받다 to inherit a gene 유전자를 찾아내다 to find a gene

준비 1   친구와 이야기해 보세요.

> 가: 저 선수는 왜 퇴장당하는 거예요?
> 나: 아까 경고를 **받고도** 또 반칙을 했거든요. 그래서 퇴장당하는 거예요.

1) 저 선수는 왜 퇴장당하는 거야?
   → 경고를 받았는데 또 반칙을….

2) 왜 늦잠 잤어? 알람을 안 맞춰 놨어?
   → 알람 소리를 들었지만….

3) 동생한테 왜 그렇게 화를 내?
   → 커피를 쏟았는데 자기 잘못이 아니라고….

4) 이제 종이컵 대신 텀블러를 가지고 다니기로 한 거야?
   → 환경 오염이 심각하다는 것을 안 후에는….

준비 2   다음 상황에 대해 친구와 이야기해 보세요.

> 가: 휴대폰이 안 켜져. 아무래도 고장 난 것 같아.
> 나: **고장 난 게 아니라** 배터리가 다 된 것 같은데?

문제 상황	추측한 이유	정확한 이유
• 휴대폰이 안 켜진다	• 고장이 났다	• 배터리가 다 됐다
• 차가 많이 흔들린다	• 차에 문제가 있다	• 길이 안 좋다
• 친구가 자꾸 재채기를 한다	• 감기에 걸렸다	• 알레르기가 심하다
• 룸메이트가 고양이 키우는 것을 반대한다	• 고양이를 무서워한다	• 고양이 털 알레르기가 있다

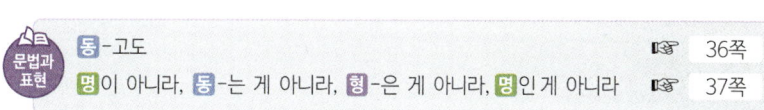

해당되다 to be applicable   곱슬머리 curly hair   주근깨 freckle   알람 alarm

말하기 1
다음은 유전에 대한 대화입니다. 상황에 대한 의견과 이유를 이야기해 보세요.

"혹시 오이가?"

1 남자는 음식에 오이가 들어간 것을 어떻게 알았습니까?
2 사람들이 오이를 싫어하는 이유는 무엇입니까?

에릭: 혹시 여기 오이 들어갔나?
안나: 어떻게 먹어 보지 않고도 오이가 들어간 걸 알았어? 이 집은 양념에 오이를 갈아서 넣는대.
에릭: 오이 냄새가 나잖아. 나는 오이는 딱 질색이야. 맛도 쓰고.
안나: 나는 오이 냄새가 상큼하고 좋던데.
에릭: 그래? 사람마다 취향이 다 다르니까.
안나: 그건 취향이 아니라 유전자 때문일지도 몰라.
에릭: 그게 무슨 소리야? 밥 먹다가 유전자라는 말을 들으니까 갑자기 골치가 아픈데.
안나: 쓴맛을 느끼게 하는 유전자가 있는데 이 유전자가 있으면 다른 사람보다 쓴맛을 잘 느낀대. 이런 유형의 사람들은 보통 사람보다 백 배에서 천 배나 강하게 쓴맛을 느낀다더라고.
에릭: 아, 그렇구나. 우리 아버지도 오이를 안 드시는데. 내가 아버지한테서 이 유전자를 물려받았나 봐. 신기하다.
안나: 그렇지? 과학은 골치 아픈 게 아니라 흥미로운 거야.

오이 cucumber   갈다 to grind   상큼하다 to be fresh   취향 preference   쓴맛 bitter   유형 type

상황 이야기하기	앞의 사실과 다른 것 말하기
• 음식에 오이가 들어간 것 같다 • 외국어를 잘하기 위해서 유학을 가야 한다 • 반려동물을 키우려면 미리 교육을 받아야 한다 • 적성에 맞는 전공을 선택해야 한다	• 먹어 보지 않았다/오이가 들어간 것을 알 수 있다 • 유학을 가지 않았다/외국어를 잘하는 사람들이 있다 • 교육을 받지 않았다/잘 키우는 사람들이 많다 • 적성에 맞는 전공을 선택했다/취업이 안 돼서 고민하는 사람이 많다

의견 이야기하기	이유 말하기
• 사람마다 취향이 다 다르다 • 주변 사람들 중에서 외국어를 못하는 사람들은 모두 유학을 가지 않았다 • 잘 키우는 사람들은 반려동물을 키워 본 적이 있거나 동물에 대해서 잘 아는 사람들이다 • 원하는 공부를 하기 위해서 대학에 진학하다	• 취향/유전자 때문이다 • 유학을 안 가서 못하다/연습이 부족하다 • 동물에 대해 잘 알아서 잘 키우다/책임감이 강하다 • 원하는 공부를 하기 위해서 진학하다/사회에 나갈 준비를 하려고 대학에 가다

혹시 여기 오이 들어갔나?

내가 오이 싫어해서 그래. 사람마다 취향이 다 다르잖아.

어떻게 **먹어 보지 않고도** 오이가 들어간 걸 알았어?

그건 **취향이 아니라** 유전자 때문이야.

말하기 2 다음 상황에 대해 여러분의 의견을 이야기해 보세요.

부모님이 모두 농구 선수라면 아이는 당연히 농구를 잘할까? 타고난 재능 덕분 ⟷ 노력 덕분	할아버지 할머니 모두 건강하게 오래 사셨으니까 나도 건강하겠지? 유전자 덕분 ⟷ 습관, 환경 덕분

타고나다 to be born with

준비 여러분은 학교에서 배운 과학 지식을 실생활에서 경험한 적이 있습니까?

듣기 1 다음은 오해에 대한 대화입니다. 잘 듣고 질문에 답해 보세요.

1 들은 내용과 같은 것을 고르세요.

① 남자에게는 쌍둥이 동생이 있다.
② 남자는 어제 하루 종일 도서관에 있었다.
③ 남자는 화가 나서 여자에게 인사를 안 했다.

2 여자가 어제 명동에서 본 사람은 누구입니까?

듣기 2 다음은 생활 속 과학 상식에 대한 라디오 방송입니다. 잘 듣고 질문에 답해 보세요.

1 이 방송에서 소개한 문제 상황은 무엇입니까?

2 안쪽 컵과 바깥쪽 컵에는 어떤 물을 넣어야 할까요?

㉠ 안쪽: _____

㉡ 바깥쪽: _____

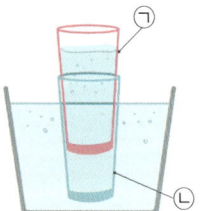

쌍둥이 twins   안쪽 inside   바깥쪽 outside   무리하다 to overexert   차갑다 to be cold

듣기 3 다음은 과학 원리에 대한 강연입니다. 잘 듣고 질문에 답해 보세요.

1. 이 강연을 하는 목적으로 가장 적절한 것은 무엇입니까?

   ① 과학 원리를 쉽게 설명하려고
   ② 새롭게 알아낸 과학 원리를 발표하려고
   ③ 과학에 대해 잘못 알려진 상식을 고치려고

2. 들은 내용과 같은 것을 고르세요.

   ① 사람들은 학교에서 과학을 배워서 어려워하지 않는다.
   ② 온도 차이를 이용하면 컵이 겹쳤을 때 쉽게 뺄 수 있다.
   ③ 과학 원리를 일상생활과 관련해서 생각하는 사람이 많다.

3. 이 강연에서 과학 원리를 활용한 예로 든 것은 무엇입니까?

💬 친구들과 이야기해 보세요.

- 여러분 가족 사이에 공통적으로 나타나는 특징은 무엇입니까?
- 그 유전자는 누구에게서 물려받은 것입니까?

의문을 가지다 to have doubts   미세하다 to be fine   담그다 to soak   부풀다 to inflate   뚜껑 lid   딱딱하다 to be hard

과학 지식의 활용

1 다음은 생활 속 과학에 대한 표현입니다. 다음 표현을 사용해서 이야기해 보세요.

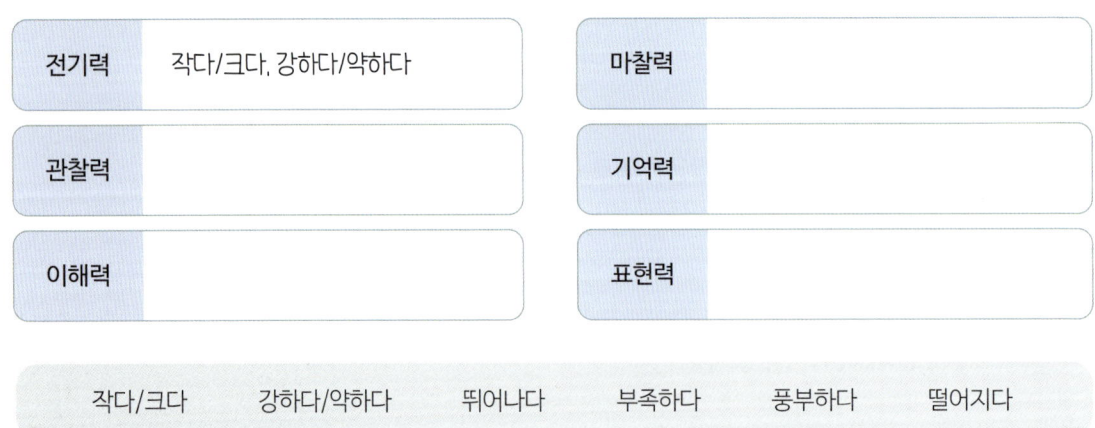

2 '-력'은 '힘이나 능력'을 의미합니다. 어울리는 말을 모두 써 보세요.

전기력	작다/크다, 강하다/약하다	마찰력	
관찰력		기억력	
이해력		표현력	

작다/크다   강하다/약하다   뛰어나다   부족하다   풍부하다   떨어지다

과학 용어 scientific term   실생활에 활용되다/활용하다 to be used in real life/to use in real life
현상을 이해하다 to understand the phenomenon   새로운 사실을 발견하다 to discover a new fact
쉽게 접하다/접하지 못하다 to easily encounter/to not easily encounter   전기력 electrical force   마찰력 friction
관찰력 observation   기억력 memory   이해력 comprehension   표현력 expressiveness

읽기

준비 다음은 과학자를 인터뷰한 기사의 일부입니다. 정리해서 발표해 보세요.

이장연(서울시립과학관장)

과학에 대한 오해 1
과학은 왜 어려운가?

➡ 과학을 지식이라고 생각해서… 그런 생각을 버리고 생활 속 과학 현상을 이해해야….

과학에 대한 오해 2
과학자들은 '천재'인가?

➡ 과학자는 특별한 사람이 아니다. 과학자들은 보통 사람들이 그냥 지나치는 일의 원리를 궁금해하며 알고 싶어 한다. 즉, 과학자는 단순히 호기심이 많은 사람이다.

이장연 관장은 인터뷰에서 과학에 대한 오해 두 가지를 소개했습니다. 사람들이 과학을 어려워하는 이유는 과학을 지식이라고 생각하기 때문이므로 ＿＿＿＿＿이라는 ＿＿＿＿＿을 버리고 생활 속 과학 현상을 이해해야 한다고 말했습니다. 또한 과학자들은 천재가 아니라 ＿＿＿＿＿을 뿐이라고 했습니다.

| 문법과 표현 | 명 뿐이다, 동 형 -을 뿐이다, 명 일 뿐이다 | ☞ 38쪽 |
| 동 -는다는 명, 형 -다는 명, 명 이라는 명 | ☞ 39쪽 |

관장 director   천재 genius

읽기 1 다음은 과학자의 블로그 게시글입니다. 잘 읽고 질문에 답해 보세요.

대부분의 사람들은 과학이 자신과는 관계없는 것이라고 생각하지만 우리의 생활을 잘 살펴보면 우리 가까이에 과학적인 현상들이 많이 있음을 알게 될 것이다. 과학 용어에 대한 두려움을 이겨 내고 여러 가지 현상에 관심을 가지면 과학 지식이 실생활에 활용된 예를 쉽게 찾아낼 수 있다. 마찰력이라는 용어를 살펴보자. 마찰력은 두 물건이 닿았을 때 움직임을 방해하는 힘이다. 예를 들어 신발과 바닥이 닿았을 때 마찰력이 작으면 미끄러워서 잘 걸을 수 없다. 그래서 겨울철 눈이 왔을 때 마찰력을 높여서 넘어지지 않도록 길에 모래를 뿌리는 것이다.

이처럼 작은 것부터 하나씩 이해하려고 노력하다 보면 전과 달리 과학적으로 생각하고 있는 자신을 발견하게 될 것이다. 과학자의 역할이 연구를 통해 새로운 사실을 발견해 내는 것뿐이라고 말하는 사람도 있다. 그러나 나는 과학자로서 보통 사람들이 이해할 수 있도록 쉬운 말을 이용해 과학 현상을 설명해야 한다고 생각한다. 이 글을 통해 사람들이 과학에 대한 두려움을 극복하고 과학이 주는 즐거움을 많이 알게 될 수 있으면 좋겠다.

1   이 글의 내용과 일치하면 ○, 일치하지 않으면 ✕ 하세요.

1) 마찰력은 두 물건이 닿았을 때 잘 움직일 수 있도록 도와주는 힘이다.   (   )
2) 눈이 왔을 때 길에 모래를 뿌리면 마찰력이 높아진다.   (   )

2   글쓴이의 생각으로 가장 적절한 것을 고르세요.

① 과학에 대한 두려움은 쉽게 극복할 수 없다.
② 과학자는 과학 용어를 이용해 현상을 설명해야 한다.
③ 과학 지식이 실생활에 활용된 예를 쉽게 찾을 수 있다.

두려움 fear   닿다 to touch   움직임 movement   방해하다 to interfere   모래 sand

읽기 2   다음은 과학 지식에 대한 설명문입니다. 잘 읽고 질문에 답해 보세요.

정전기의 원리

겨울이 되면 정전기 때문에 불편을 느끼는 사람이 적지 않다. 잠깐 참으면 될 뿐이라고 생각하는 사람도 많지만 정전기가 모여 있는 물건에 닿았을 때 이만 오천 볼트(V)의 전압이 발생해서 고통을 느낄 수도 있다. 정전기는 흐르지 않고 머물러 있는 전기라는 뜻이며, 마찰에 의해 생기기 때문에 마찰 전기라고도 부른다. 예를 들어 풍선을 머리카락에 비비면 머리카락이 풍선에 붙는데 이것은 정전기가 생겼기 때문이다. 또한 사람이 주변의 물건을 만질 때나 몸의 일부분이 물건에 닿을 때 느끼는 강한 전기력도 바로 이 정전기이다.

관찰력이 있는 사람이라면 주변이 건조할 때 정전기가 더 많이 발생한다는 것을 알 수 있을 것이다. 공기 중에 포함된 물은 전기력을 없애는 역할을 하기 때문에 습도가 높은 여름보다는 건조한 겨울에 정전기가 자주 발생한다. 따라서 정전기가 자주 느껴진다면 크림을 바르거나 물을 많이 마셔서 몸이 건조한 상태가 되지 않도록 하는 것이 좋다.

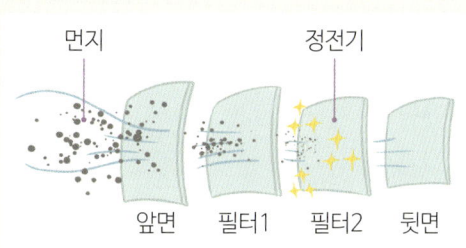

정전기가 사람들에게 괴로움을 주는 것만은 아니다. 정전기 현상이 실생활에 활용된 예가 몇 가지 있는데 대표적인 것이 미세 먼지를 막아 주는 일회용 마스크이다. 마스크 안에는 정전기를 일으키는 필터가 포함되어 있다. 정전기 덕분에 미세 먼지가 마스크에 붙어서 사람의 호흡기로 들어가지 못하게 되는 것이다.

1   정전기에 대한 설명으로 맞는 것을 고르세요.

① 정전기는 겨울보다 여름에 더 자주 발생한다.
② 정전기는 사람이 주변 물건을 만질 때 생긴다.
③ 정전기는 금방 사라지므로 별로 문제가 되지 않는다.

2   정전기가 실생활에 활용된 예는 무엇입니까?

3   정전기를 없애는 방법을 모두 고르세요.

☐ 마스크를 쓴다.   ☐ 물을 많이 마신다.
☐ 풍선을 머리에 비빈다.   ☐ 손에 크림을 바른다.

💬   여러분은 정전기 때문에 고생한 적이 있습니까? 언제 정전기를 느꼈고 이럴 때 어떤 방법을 쓰면 효과적입니까?

정전기 static   볼트 volt   전압 voltage   고통 pain   머무르다 to stay   머리카락 hair   비비다 to rub
크림 cream   필터 filter   호흡기 respirator

Writing 쓰기 17-2

준비 일상생활에서 접하는 과학 현상 중 원리가 궁금한 것이 있습니까?

- ☐ 정전기가 생기는 이유
- ☐ 얼음 위에서 걷기 어려운 이유
- ☐ 일회용 마스크가 미세 먼지를 막아 주는 이유
- ☐ _____

아래에 메모하고 친구와 이야기해 보세요.

생활 속 경험	• 정전기 • 겨울에 물건을 만졌을 때 따끔거린 경험	
과학 현상과 원리	물건에 닿을 때 전기력이 생겨서	
원리를 활용한 예	일회용 마스크	

> 저는 겨울이면 정전기 때문에 너무 괴롭습니다. 손잡이를 만지거나 다른 사람과 닿을 때도 따끔거립니다. 정전기는 사람의 몸이 물건에 닿을 때 생기는 전기력 때문에 생깁니다. 이런 정전기를 활용한 예로는 미세 먼지를 막아 주는 일회용 마스크가 있습니다.

쓰기 위에서 이야기한 것을 바탕으로 생활 속 과학 원리를 설명하는 글을 써 보세요.

🗨 정전기를 이용해서 단어를 맞히는 게임을 해 보세요.

준비 4급에서 배운 단어 중 친구들이 어려워할 것 같은 단어를 스무 개 적어 보세요.

1 팀을 나누고 각 팀에서 정전기가 잘 날 것 같은 사람을 한 명 뽑으세요.

2 정전기를 이용해서 단어 게임을 해 보세요.

조상들의 지혜가 담긴 '설피'

눈이 쌓인 길을 걸으면 발이 눈 속에 빠지기 마련입니다. 옛날에는 눈길에 발이 빠지지 않고 다니도록 설피라는 물건을 이용했습니다. 설피는 보통 신발 바닥에 붙여서 신었는데 설피를 신으면 바닥에 닿는 부분이 넓어져서 바닥을 누르는 힘이 약해집니다. 그래서 눈 위에서도 잘 걸을 수 있게 됩니다. 이것은 면적이 넓을수록 누르는 힘이 약해진다는 과학적 원리와 관계가 있습니다. 여러분 나라에서 옛날부터 쓰던 물건 중에서 과학적 원리를 이용해서 만든 물건이 있습니까?

발음 Pronunciation

어떻게 먹어 보지 **않고도** [안코도] 오이가 들어간 걸 알았어?

받침 'ㄶ' 뒤에 'ㄱ'이 있으면 [ㅋ]로 발음합니다.

예) 정전기는 흐르지 **않고** 머물러 있는 전기입니다.
겨울에는 건조해지지 **않기** 위해서 손에 크림을 자주 바르려고 노력합니다.

자기 평가 Self-Check

☐ 정확한 이유를 들어 자신의 의견을 이야기할 수 있다.
☐ 과학의 원리에 대한 설명문을 작성할 수 있다.
☐ 정전기를 활용해 단어 게임을 할 수 있다.

18 잊지 못할 인연
Unforgettable Connections

18-1 소중한 인연
18-2 추억

1 한국에서 만난 사람 중에서 특별한 사람이 있습니까?
2 한국에서 있었던 일 중에서 오래 기억할 만한 일은 무엇입니까?

소중한 인연

1 다음은 인연과 만남에 대한 표현입니다. 여러분도 이런 상황을 경험한 적이 있습니까?

2 다음은 변화에 대한 표현입니다. 여러분이 알고 있는 사람이나 장소는 어떻게 변했습니까?

- 몰라보게 달라지다
- 못 알아볼 정도로 변하다
- 하나도 안 변하다
- 예전 그대로이다
- 예전만 못하다

인연이 되다/인연이다 to be fate/to be meant to be
점점 멀어지다 to keep growing apart
손꼽아 기다리다 to look forward to
못 알아볼 정도로 변하다 to transform beyond recognition
예전 그대로이다 to be the same as before

우연히 만나다 to meet by chance
세상이 참 좁다 world is so small
몰라보게 달라지다 to change beyond recognition
하나도 안 변하다 to not change at all
예전만 못하다 to not be as good as before

말하기 Speaking 18-1

준비 1 상황을 보고 어떤 말을 할 수 있는지 이야기해 보세요.

> 가: 오늘 부장님에게 혼났다며? 왜 혼났어?
> 나: 30분 지각했어. 아침에 일찍 **일어났더라면** 안 늦었을 텐데.
> 가: 그래. 앞으로는 조금 일찍 일어나도록 노력해 봐.

1) 오늘 부장님께 혼났다며? 왜 혼났어?
   → 일찍 일어날걸…. 후회되네.

2) 어디 아파? 얼굴이 안 좋아 보이는데?
   → 야식을 먹지 말걸….

3) 지하철이 고장 나서 다른 친구들이 늦는대.
   → 휴, 지하철을 안 타서 다행이다.

4) 갑자기 비가 오네.
   → 우산을 가져와서 다행이다.

준비 2 반대되는 생각을 이야기해 보세요.

> 가: 너 한국어 발음 많이 좋아졌다.
> 나: **좋아지기는.** 한국어를 배운 지 2년이나 됐는데 아직도 발음이 잘 안돼.

상황	나의 생각
• 친구가 내 한국어 발음이 좋아졌다고 칭찬을 한다	• 한국어 발음이 어려워서 고민이다
• 같은 반 친구가 정말 발표를 잘했다고 칭찬을 한다	• 한국어로 발표하다가 실수를 했다
• 친구가 쇼핑몰이 새로 생겨서 편리해졌느냐고 질문한다	• 쇼핑몰 때문에 집에 가는 길이 너무 막힌다
• 룸메이트가 집에서 고양이를 키우고 싶다며 고양이를 좋아하느냐고 질문한다	• 고양이 털 알레르기가 있다

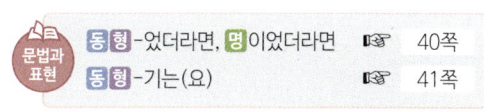

문법과 표현
동 형 -었더라면, 명 이었더라면 ☞ 40쪽
동 형 -기는(요) ☞ 41쪽

쇼핑몰 shopping mall

말하기 1 다음은 오랜만에 만난 사람들의 대화입니다. 오랜만에 만난 사람에게 인사를 해 보세요.

1 선생님과 다니엘 씨는 어떻게 변했습니까?
2 선생님은 무엇을 도와주었습니까?

선생님: 혹시 다니엘 씨 아니에요?

다니엘: 어? 선생님? 안녕하세요. 여행 오셨어요?

선생님: 네. 오랜만이에요. 이런 데서 만나다니 세상 참 좁네요. 그동안 잘 지냈어요? 몰라보게 달라졌네요.

다니엘: 네. 선생님도 잘 지내셨죠? 선생님은 예전 그대로세요.

선생님: 뭘요. 언어교육원 수료하고 대학원에 진학한다더니 잘 다니고 있어요?

다니엘: 네, 잘 다니고 있어요. 그때 선생님께서 추천서를 써 주시지 않았더라면 대학원에 합격하지 못 했을 거예요. 다시 한번 감사드려요.

선생님: 고맙기는요. 다니엘 씨가 잘해서 합격한 거죠.

다니엘: 아니에요. 선생님께서 잘 가르쳐 주신 덕분이죠.

선생님: 그렇게 생각해 주니 보람이 있네요. 잠깐 시간 괜찮으면 차라도 한잔할래요?

다니엘: 네, 좋아요. 차는 제가 사 드릴게요.

오랜만에 만난 사람에게 인사하기

- 대학원에 진학한다던 다니엘을 오랜만에 만났는데 몰라보게 달라졌다
- 취업한 민우를 길에서 만났는데 못 알아봤다
- 창업한 크리스를 지하철에서 우연히 만났는데 예전과 많이 달라졌다
- 자밀라를 동창회에서 만났는데 전혀 못 알아봤다

과거와 반대 상황 가정하고 인사하기

- 선생님이 추천서를 써 줘서 합격했다/감사하다
- 선배가 조언을 해 줘서 진로를 결정할 수 있었다/선배를 귀찮게 한 것 같다
- 네가 소개해 준 사람이 나한테 많은 도움을 주었다/네 덕분이다
- 네가 내 장점을 알게 해 주었다/조언을 해 줘서 큰 도움이 되다

상대방의 말에 반응하기

- 다니엘이 잘해서 합격한 것이다
- 도와줄 수 있어서 기뻤다
- 네가 잘해서 성공했다
- 내가 말하지 않아도 잘했을 것이다

오랜만이에요. 다니엘 씨, 몰라보게 달라졌네요. 대학원에 진학한다더니 잘 다니고 있어요?

네. 선생님께서 **추천서를 써 주지 않았더라면** 합격하지 못했을 거예요. 정말 감사해요.

고맙기는요. 다니엘 씨가 잘해서 합격한 거죠.

말하기 2 하지 않아서 후회되는 일이나 해서 다행이라고 생각한 일이 있습니까? 친구의 이야기를 듣고 적절한 대답을 해 보세요.

동창회 alumni reunion

준비 지금까지 만난 사람 중에서 특별한 인연이라고 생각되는 사람이 있습니까?

듣기 1 다음은 첫 만남에 대한 대화입니다. 잘 듣고 질문에 답해 보세요.

1 남자는 여자에게 어떤 도움을 줬습니까?

2 들은 내용과 같은 것을 고르세요.

① 남자는 한국어를 가르치고 있다.
② 여자는 대학원에 진학할 계획이다.
③ 여자는 자신이 한국어를 잘한다고 생각한다.

듣기 2 다음은 만남에 대한 라디오 사연입니다. 잘 듣고 질문에 답해 보세요.

1 사건의 흐름에 맞게 그림에 번호를 쓰세요.

2 사연을 들은 후 보일 수 있는 반응으로 가장 적절한 것을 고르세요.

① 세상이 참 좁다는 생각이 들어.
② 선생님이 몰라보게 달라졌나 봐.
③ 다시 만날 날을 손꼽아 기다리고 있군.

헤매다 to wander   다가오다 to approach   무사히 safely

듣기 3 다음은 한국과의 인연에 대한 인터뷰입니다. 잘 듣고 질문에 답해 보세요.

1 여자는 언제 한국에 처음 왔습니까?

2 여자가 한국에서 한 일을 모두 고르세요.

☐ 대학교수　　☐ 방송 기자　　☐ 대사관 근무　　☐ 영어 선생님

3 여자의 생각으로 적절하지 <u>않은</u> 것을 고르세요.

① 처음 맺은 인연이 가장 기억에 남는다.
② 두 나라의 관계가 점점 멀어져서 아쉽다.
③ 몰라보게 달라진 한국의 모습이 자랑스럽다.

친구들과 이야기해 보세요.

- 친구에게 10년 전 사진을 보여 주고 서로의 변화에 대해 이야기해 보세요.
- 연락이 끊긴 사람 중에 다시 만나고 싶은 사람이 있습니까? 만나고 싶은 이유는 무엇입니까?

굉장히 greatly　　자원봉사자 volunteer　　정치 politics　　사회 society

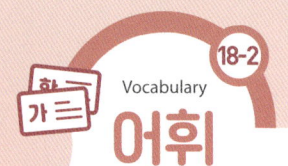

추억

1 다음은 추억과 기억에 대한 표현입니다. 다음 표현을 사용해서 여러분의 추억을 이야기해 보세요.

2 '-받다'는 피동의 의미를 나타내는 말입니다. 여러분은 이런 적이 있었습니까?

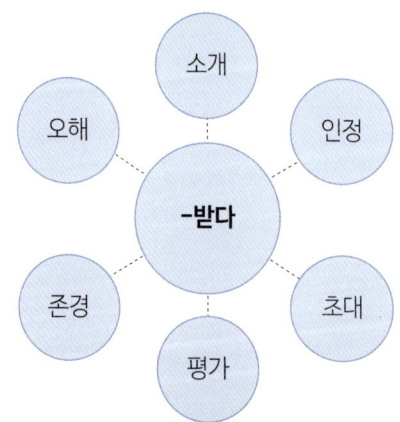

기억이 생생하다 to have a vivid recollection	기억이 떠오르다 to remember a recollection
가슴속에 간직하다 to keep in one's heart	추억이 담겨 있다 to be filled with memories
세월이 쏜살같다 time flies like an arrow	처음 만난 게 엊그제 같다 it seems like yesterday when we first met
소개받다 to be introduced	오해받다 to be misunderstood	인정받다 to get recognition
존경받다 to be respected	초대받다 to receive an invitation	평가받다 to be evaluated

읽기

준비 다음은 손 편지에 대한 설문 조사의 일부입니다. 정리해서 발표해 보세요.

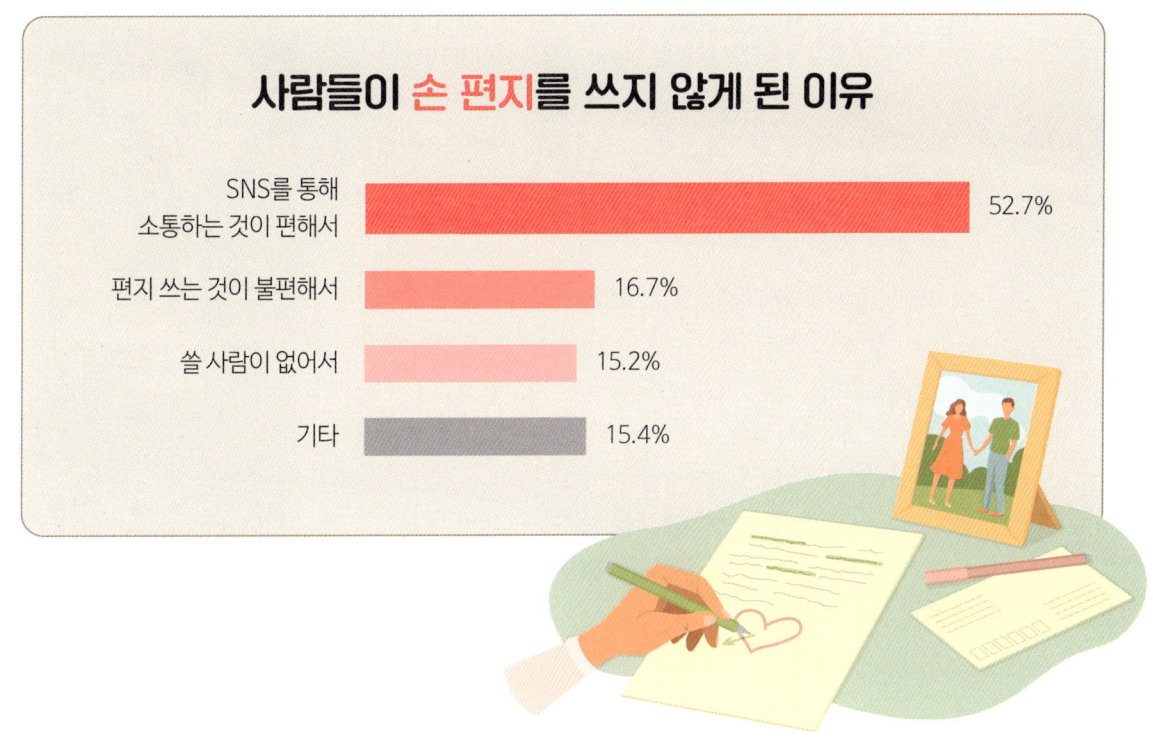

최근 우표 판매량이 꾸준히 감소하고 있습니다. 몇 년 전만 하더라도 손 편지를 쓰는 사람이 **었었는데** 지금은 손 편지를 보내는 사람들이 줄어들었기 때문입니다. 한 설문 조사에 의하면 손 편지를 쓰지 않게 된 이유에 대해 52.7%의 응답자가 에스엔에스(SNS)를 통해서 소통하는 것이 편하기 때문이라고 답했습니다. 과거에는 사람들이 소식을 전하기 위해 **곤 했는데** 최근에는 많은 사람들이 에스엔에스(SNS)로 소통을 하고 있다는 것을 알 수 있습니다.

문법과 표현
- 동/형 -었었-, 명 이었었- ☞ 42쪽
- 동 -곤 하다 ☞ 43쪽

읽기 1

다음은 UCC 대회 수상자의 인터뷰입니다. 잘 읽고 질문에 답해 보세요.

- 이번 대회에서 1등을 한 영상이 내용뿐만 아니라 연출과 한국어도 훌륭하다고 평가받았는데 소감은 어떤가?

  영화감독이 꿈인데 그동안 한 번도 상을 받지 못했다. 이번에 실패하면 꿈을 포기할 생각으로 도전했다. 영화감독으로서의 가능성을 인정받았을 뿐만 아니라 선생님들께 한국어 실력도 긍정적으로 평가받아 기쁘다.

- 영상을 만들면서 힘들었던 점, 좋았던 점은 무엇인가?

  첫 장면을 찍던 날의 기억이 아직도 생생한데 생각대로 촬영이 되지 않아서 고생했었다. 처음에는 주인공 역할을 맡은 친구가 너무 긴장해서 말을 제대로 못 했는데 다른 친구들이 옆에서 긴장을 풀어 줘서 무사히 촬영을 마칠 수 있었다. 우리는 이렇게 힘들 때마다 힘을 합쳐 문제를 해결하곤 했다. 매일매일이 힘들었지만 지금은 좋은 추억으로 남은 것 같다.

- 앞으로의 계획은?

  지금 생각하고 있는 작품이 있는데 내년에는 영화 촬영을 시작하면 좋겠다. 그리고 이번 경험을 살려서 앞으로 다른 사람들과 소통하는 영화감독이 되고 싶다.

1 1등을 한 영상은 어떤 평가를 받았습니까?

2 인터뷰 내용과 일치하는 것을 고르세요.

① 대회에서 수상하지 못했더라면 영화감독의 꿈을 포기했을 것이다.
② 영상을 만드는 동안 고생을 많이 했기 때문에 힘든 기억으로 남아 있다.
③ 영상을 만들다가 어려운 일이 생기면 감독으로서 혼자 문제를 해결했다.

합치다 to combine

읽기 2 다음은 선생님께 보내는 편지입니다. 잘 읽고 질문에 답해 보세요.

장연이 선생님께

선생님, 안녕하세요?
4급에서 선생님께 한국어를 배웠던 히엔이에요. 그동안 잘 지내셨어요?

제가 서울대학교 언어교육원에서 공부를 시작한 게 엊그제 같은데 벌써 1년 반이라는 시간이 지났어요. 다음 주면 고향으로 돌아가는데 선생님께서 가르쳐 주신 말처럼 정말 세월이 쏜살같네요.

한국어를 공부하는 동안 힘든 점도 많았지만 즐거운 일도 많았어요. 특히 4급에서 선생님을 만난 건 정말 행운이었어요. 저는 아직도 4급 수업 첫날의 기억이 생생해요. 4급이 어려울 것 같아서 많이 긴장했었는데 수업도 재미있고 제 질문에 친절하게 대답해 주셔서 안심이 됐었어요. 그리고 저를 비롯한 친구들에게 고민이 생기면 상담해 주곤 하셨잖아요. 얼마나 선생님이 의지가 됐는지 몰라요. 지난 설날에 선생님 댁에 놀러 갔던 기억이 떠오르네요. 한국 사람 집에 초대받은 것은 처음이었는데 떡국도 먹고 친구들과 윷놀이도 하고 정말 즐거웠어요.

선생님 덕분에 한국에서 좋은 추억도 많이 만들었고 한국어 실력도 좋아진 것 같아요. 고향에 돌아가더라도 선생님과 함께했던 추억을 가슴속에 간직하고 열심히 살게요. 정말 감사합니다. 베트남에 놀러 오실 일이 있으면 언제든지 연락 주세요. 건강하게 지내시고 언젠가 꼭 다시 뵙게 되었으면 좋겠어요. 안녕히 계세요.

히엔 올림

1 누가 누구에게 편지를 썼습니까?

2 편지를 쓴 이유를 고르세요.

① 선생님을 초대하기 위해
② 선생님의 안부를 물어보기 위해
③ 선생님께 감사 인사를 하기 위해

3 편지의 내용과 일치하는 것을 고르세요.

① 히엔은 한국에서의 시간이 빨리 지나갔다고 생각한다.
② 히엔은 선생님이 엄격해서 수업 시간에 긴장하곤 했다.
③ 히엔은 명절 때마다 한국 사람의 집에서 좋은 추억을 만들었다.

 여러분은 한국 사람에게 편지나 이메일을 보낸 적이 있습니까? 누구에게 왜 보냈습니까?

행운 luck   첫날 first day   안심이 되다 to feel relieved   의지가 되다 to be dependable   올림 Sincerely

쓰기

준비 편지를 쓸 때 어떤 내용이 들어가야 할까요?

- ☐ 보내는 사람/받는 사람 이름
- ☐ 안부를 묻는 말
- ☐ 하고 싶은 이야기
- ☐ 인사하는 말
- ☐ 편지를 보내는 사람의 근황
- ☐ 마무리하는 말

아래에 메모하고 왜 그 사람에게 편지를 보내는지 친구와 이야기해 보세요.

받는 사람 이름 (…께/…에게)	장연이 선생님께	
인사/안부	선생님, 안녕하세요? 그동안 잘 지내셨어요?	
보내는 사람의 근황	저는 곧 고향으로 돌아갑니다.	
하고 싶은 이야기 / 편지를 보내는 이유	공부하는 동안 잘 보살펴 주셔서 감사합니다.	
마무리	건강하게 잘 지내세요.	
보내는 사람 이름 (…올림/…드림)	히엔 올림	

장연이 선생님! 안녕하세요? 그동안 잘 지내셨어요? 저는 공부를 마치고 곧 고향으로 돌아가게 됐습니다. 공부하는 동안 여러 가지로 보살펴 주셔서 정말 감사합니다. 고향에 돌아가더라도 자주 연락드리겠습니다. 건강하게 지내세요.

쓰기 위에서 이야기한 것을 바탕으로 편지를 써 보세요.

💬 친구들과의 추억을 간직할 수 있도록 롤링 페이퍼를 써 보세요.

준비 롤링 페이퍼를 쓸 종이를 준비하고 자신의 이름을 써넣으세요.

롤링 페이퍼 friends' notes

1 친구 이름이 쓰여 있는 종이에 친구에게 해 주고 싶은 말을 써 보세요.

2 메시지를 다 쓴 종이는 이름이 쓰인 친구에게 돌려주세요.

3 친구들이 써 준 메시지 가운데 인상적인 메시지를 소개해 보세요.

옷깃만 스쳐도 인연

우리가 같은 수업을 듣다니!

아주 짧은 만남이지만 그 만남을 계기로 좋은 관계를 맺은 경험이 있습니까? 한국에는 '옷깃만 스쳐도 인연'이라는 말이 있습니다. 우연히 만났더라도 인연이 될 수 있다는 말입니다. 우연한 만남도 가볍게 생각하지 말고 소중하게 여겨야 한다는 뜻으로도 생각해 볼 수 있습니다. 한국에서는 처음 만난 자리에서 "옷깃만 스쳐도 인연이라는데 앞으로 좋은 관계를 만들어 봅시다"라고 말하면서 인사하는 경우도 있습니다. 여러분 나라에도 만남과 관련된 표현이 있습니까?

발음 Pronunciation

고맙기는요. 다니엘 씨가 잘해서 합격한 거죠.

'-기는요'로 끝나는 문장은 끝을 약간 내렸다가 올립니다.

예 **잘하기는요.** 아직 한국 사람처럼 말하려면 멀었어요.
대단하기는요. 그냥 춤을 못 춘다는 소리는 안 들을 정도예요.

자기 평가 Self-Check

☐ 이미 일어난 사실과 반대되는 상황을 가정해서 이야기할 수 있다.
☐ 형식에 맞춰 편지나 이메일을 쓸 수 있다.
☐ 롤링 페이퍼를 작성해서 헤어짐에 대한 아쉬움을 표현할 수 있다.

서울대 한국어+ 4B

부록 Appendix

- 듣기 지문 Listening Script
- 과제 설명 Task Guide
- 모범 답안 Answer Key
- 어휘 색인 Glossary

10. 태도와 평가 Attitude & Assessment

❶ 여: 여러분은 방금 전에 설명한 것을 상대방이 다시 질문해서 당황했던 적이 있습니까? 혹시 이런 일이 반복돼서 내가 아무리 이야기해도 상대방이 이야기를 듣지 않을 게 뻔하다고 생각하지는 않으십니까? 이경문 작가의 '듣지 않는 사람들'에서는 왜 사람들이 듣지 않게 되었는지, 어떻게 하면 다른 사람의 이야기를 잘 들어줄 수 있는지, 다른 사람이 내 말을 잘 들을 수 있도록 이야기하는 방법은 무엇인지 소개합니다. 서점에 진열되기가 무섭게 매진될 정도로 인기를 끌고 있는 '듣지 않는 사람들'. 지금 당장 읽어 보세요.

❷ 남: 미선아, 진수랑 무슨 일 있었어? 왜 진수랑 인사도 안 해?
여: 좀 싸웠거든.
남: 뭐 때문에 싸웠어?
여: 진수는 자기가 잘못 알고 있어도 항상 자기 말이 맞는다고 우기잖아.
남: 가끔 그럴 때가 있지.
여: 어제도 내가 다른 친구한테 과제에 대해 설명했는데 내 말이 끝나기가 무섭게 내가 잘못 알고 있다고 하는 거 있지? 한두 번도 아니고 계속 그러니까 화가 나서 참을 수가 없었어. 그런데 진수는 자기가 잘못 알고 있으면서 오히려 나한테 화를 내더라고.
남: 그랬구나. 진수가 잘못한 건 맞지만 너는 다른 사람 실수나 잘못도 감싸 주고 이해해 주는 편이잖아. 이따 만나서 진수가 잘못 알고 있는 부분에 대해 다시 설명해 주면 어떨까?
여: 아니. 진수는 내가 아무리 설명해도 자기 말이 맞는다고 우길 게 뻔해. 이번에는 자기가 틀렸다는 걸 인정하고 먼저 사과할 때까지 진수하고 말하지 않을 거야.

❸ 여: 오늘은 '듣지 않는 사람들'이라는 책으로 인기를 끌고 있는 작가 이경문 씨를 모시고 이야기 나눠 보겠습니다. 안녕하세요?
남: 네, 안녕하세요.
여: 책이 출판되기가 무섭게 베스트셀러가 됐는데요, 인기의 비결이 뭐라고 생각하십니까?
남: 많은 분들이 제 생각에 공감해 주시는 것 같습니다. 저는 사람들이 다른 사람의 말을 잘 듣지 않는다고 생각합니다. 듣기는 해도 말하는 사람의 입장이 아닌, 자신의 입장에서 생각하고요. 그래서 들었는데도 듣지 않은 것과 같은 상황이 되는 것입니다.
여: 구체적으로 어떤 예가 있을까요?
남: 제가 책에서도 소개를 했는데요. '천재는 99%의 노력과 1%의 영감으로 만들어진다'는 말을 들어 보셨죠?
여: 네. 에디슨이 한 말이지요? 노력이 중요하다는 뜻 아닌가요?
남: 저도 학교 다닐 때는 그렇게 생각했습니다. 그런데 에디슨은 99%의 노력보다는 1%의 영감이 성공을 결정한다는 말을 하고 싶었던 것입니다. 듣는 사람들은 노력이 중요하다고 생각했지만 말하는 사람은 영감에 초점을 맞췄던 거죠.
여: 아, 사람들이 에디슨의 말을 자기 마음대로 받아들인 게 문제였군요. 혹시 이 책을 읽는 분들께 하고 싶은 말씀 있으시면 부탁드립니다.
남: 우리는 누구나 다른 사람의 이야기를 들으면서 이 사람이 이렇게 이야기할 거라고 예상하면서 듣습니다. 하지만 말하는 사람의 이야기가 내 예상과 다르기도 합니다. 다른 사람의 이야기를 첫 부분만 듣고 결론이 뻔할 것이라고 판단하지 말고 끝까지 들은 후에 결론을 내리는 게 중요하다고 생각합니다.
여: 네. 여러분도 이경문 작가의 '듣지 않는 사람들', 꼭 읽어 보시기를 추천합니다. 나와 주셔서 감사합니다.

11. 대인 관계 Human Relationship

❶ 남: 이 사진 좀 봐. 내 사촌 동생인데 똑똑하고 성격도 좋아. 어때? 이번 주말에 시간 있거든 한번 만나 볼래?
여: 네? 아….
남: 왜? 주말에 바빠?
여: 아니, 바쁜 건 아닌데요…. 나중에 잘 안되면 선배랑 어색해질까 봐서요.
남: 지난번에도 내 친구랑 소개팅했잖아? 갑자기 뭐가 어색해?
여: 아, 그랬나요?
남: 왜? 내 사촌 동생이 마음에 안 들어? 사진보다 실물이 훨씬 나아.
여: 마음에 안 든다기보다는 요즘 시험 때문에 좀 바빠서요.

❷ 남: 선배, 얼굴이 왜 그래요? 무슨 걱정 있어요?
여: 추천서 때문에…. 내가 선생님께 대학원 추천서를 써 달라는 메일을 보냈거든? 당연히 써 주실 줄 알았는데 바쁘시대.
남: 어떻게 말씀드렸는데요?
여: '제가 이번에 대학원에 지원하니까 바쁘지 않으시거든 추천서 좀 써 주세요' 이렇게 메일을 보냈지.
남: 선생님이 바쁘시다기보다는 기분이 안 좋으셨던 것 같은데요. 한국에서는 나보다 나이가 많은 사람한테 도움을 청할 때 '거든'이라는 말은 잘 안 쓴대요. 그리고 '써 주세요'처럼 직접적인 표현보다는 '추천서를 부탁드려도 될까요?'처럼 돌려서 말하는 게 좋아요. 공손하게 부탁하려면 '선생님, 번거롭게 해 드려서 죄송한데 시간이 있으시면 추천서를 좀 부탁드려도 될까요?' 이런 식으로 말씀드리는 게 나을 것 같은데요.
여: 그렇구나. 너한테 미리 물어보고 메일을 보낼 걸 그랬다.
남: 선생님께 다시 한번 이메일을 보내는 게 어때요? 제가 좀 도와줄게요.

❸ 여: 누구나 다른 사람의 부탁을 거절하지 못해서 곤란했던 경험이 있으실 겁니다. 오늘은 소통 전문가 김은준 박사님을 모시고 어떻게 하면 거절을 잘할 수 있는지에 대해 말씀 들어 보겠습니다. 안녕하십니까?
남: 안녕하십니까?
여: 박사님, 어떻게 해야 상대방의 부탁을 문제없이 거절할 수 있

을까요?

남: 거절은 아무리 잘해도 상대방이 서운해할 수밖에 없습니다. 그렇다고 부탁을 다 들어줄 수도 없죠. 거절을 잘하려면 자기만의 거절 원칙을 세우는 것이 중요합니다.

여: 거절의 원칙이라고 하셨는데요. 어떤 게 있을까요?

남: 먼저 부탁을 거절할 수밖에 없는 이유를 솔직하게 말하는 것이 좋습니다. 괜히 이런저런 핑계를 대면서 거절을 하면 상대방은 내가 그 일을 할 수 없어서라기보다는 하기 싫어서 거절한다고 생각할 수 있기 때문입니다.

여: 중요한 이야기네요.

남: 또 거절을 할 때는 상대방의 감정을 배려해야 합니다. 상대방이 부탁하자마자 거절하지 말고 내 일정을 확인하는 등 도와주려고 노력하는 태도를 보이는 게 좋습니다. 그리고 부탁을 들어주지 못해서 미안해하는 마음을 표현하면 더 좋겠죠.

여: 부탁을 하는 사람도 쉽게 이야기를 꺼낸 것은 아닐 테니까 상대방의 감정도 배려해야겠네요.

남: 그렇습니다. 마지막으로 그 사람이 싫어서 부탁을 거절하는 것이 아니라는 것을 잘 설명해야 합니다. 내가 거절하는 것은 상대방이 부탁한 일이라는 것을 분명히 설명하는 것이지요. 많은 경우 부탁을 거절한 후에 관계가 어색해질 것을 걱정해서 부탁을 들어주게 됩니다. 하지만 어설프게 부탁을 들어줬다가 제대로 일이 되지 않았을 때 더 큰 문제가 생기게 된다는 것을 기억해야 합니다. 앞으로 누군가의 부탁을 받게 되거든 제가 말씀드린 세 가지를 꼭 기억하십시오.

여: 오늘 좋은 말씀 감사합니다. 지금까지 소통 전문가 김은준 박사님과 함께 이야기 나눠 봤습니다.

남: 한번 드셔 보세요.

여: 이거 너무 예뻐서 모형 같은데 진짜 먹을 수 있는 거 맞죠?

남: 축제에서 다 같이 먹는 음식인데 설마 못 먹는 걸로 만들었겠어요?

여: 그럼 하나 먹어 보겠습니다. 보기 좋은 떡이 먹기도 좋다더니 정말 맛있네요.

❸ 남: 안녕하세요. 오늘은 떡에 대한 이야기를 해 볼까 합니다. 우리나라에서 떡은 옛날부터 명절이나 잔칫날, 꼭 상에 오르는 귀한 음식이었습니다. 우리 조상들은 옛날부터 떡을 먹었는데요. 요즘은 먹을 게 많아져서 설마 옛날처럼 자주 떡을 먹겠느냐고 생각하시겠지만 여전히 중요한 날에는 떡을 먹습니다. 아이가 태어나서 백일이 되면 백설기, 첫 번째 생일이 되면 돌떡을 해 먹고 결혼이나 승진 등 기쁜 일이 있을 때 떡을 선물하기도 합니다.

떡은 한국 사람들의 일상에서 빠질 수 없는 음식이기 때문에 속담에도 자주 등장합니다. 예를 들어 사이가 안 좋은 사람에게 잘 대해 줄 때는 "미운 아이 떡 하나 더 준다더니 미워서 더 잘해 주는 거야."라고 물을 수 있습니다. '그림의 떡'이라는 말은 가지고 싶지만 가질 수 없는 것을 뜻합니다. 그림에 있는 떡은 먹을 수 없으니까요. 또 '떡 줄 사람은 생각지도 않는데 김칫국부터 마신다'라는 속담도 있습니다. 상대방이 어떤 것을 줄 마음이 전혀 없는데 줄 거라고 착각한다는 뜻입니다. 떡을 먹으면서 김칫국물을 마시는 경우가 많아서 이런 속담이 생겨난 것이지요. 이렇게 옛날부터 전해 오는 속담에는 떡과 관련된 것이 많습니다. 오늘 가족들과 함께 떡을 드시면서 속담의 뜻을 생각해 보는 건 어떨까요?

12. 옛날이야기의 교훈 Morals from Old Stories

❶ 남: 자밀라, 너 아까 진수한테 커피 사 주던데 원래 진수랑 사이 안 좋지 않아?

여: 어. 진수랑은 과제를 같이 하다가 여러 번 싸웠지.

남: 근데 아까 커피도 그렇고, 도서관 자리도 맡아 주고, 요즘 진수한테 잘해 주는 것 같던데? 너 혹시 진수 좋아하는 거 아니야?

여: 아니거든. 설마 내가 걔를 좋아하겠어? 진수가 마음에 안 들지만 같은 과 친구고 계속 얼굴을 봐야 할 것 같아서 일부러 그러는 거야.

남: 미운 아이 떡 하나 더 준다더니 그래서 진수한테 잘해 준 거였구나.

❷ 여: 안녕하세요? 여러분, 저는 지금 서울 음식 축제에 나와 있는데요. 이곳에서는 다양한 떡을 판매하고 있습니다. 안녕하세요? 지금 뭐 하고 계세요?

남: 네. 손님들께 팔 송편을 만들고 있습니다.

여: 우와, 바로 만들어서 파니까 더 맛있을 거 같아요. 제가 아는 송편은 하얀색, 녹색 정도였는데 노란색도 있고 분홍색도 있고 색깔이 정말 다양하고 예쁘네요.

13. 논란거리 Controversies

❶ 남: 너, 커피 체인점 커피콩 알지? 그 커피숍이 우리 학교에 생긴대.

여: 정말? 나 거기 커피 좋아해서 자주 가는데.

남: 학생들 사이에서는 학교 안에 유명 브랜드 커피숍이 생겨도 되는지 안 되는지 논란이 되고 있어. 우리 학교는 휴게실 같이 학생들이 편하게 이용할 공간이 부족한데 그런 공간을 늘리지 않고 상업 시설에 자리를 내주는 게 말이 되느냐고 항의하는 학생들도 있고.

여: 난 학교 안에서도 맛있는 커피를 마실 수 있어서 좋은데.

남: 내 입장은 좀 다른데…. 이런 브랜드 커피숍이 생기기 시작하면 다른 상업 시설이 또 들어올지도 몰라. 학교가 쇼핑몰은 아니잖아.

❷ 여: 다니엘, 너 요즘 왜 이렇게 얼굴 보기가 힘들어?

남: 내가 요즘 아르바이트를 해서 수업 끝나기가 무섭게 바로 일하러 가거든.

여: 갑자기 웬 아르바이트? 돈 필요해?

남: 이번 학기부터 성적 장학금이 다 없어질 거래. 그래서 아르바이트를 하는 거야.

여: 너 그렇게 아르바이트를 많이 하면 공부할 시간이 없어서 성적이 떨어질지도 몰라.
남: 어쩔 수 없지, 뭐.
여: 형편이 안 좋은 학생들에게 주는 장학금이 있다던데 네가 받을 수 있는지 없는지 과사무실에 물어봐.
남: 그래? 지금 가서 물어봐야겠다.

❸ 여1: 안녕하세요. 최근 대학에서 성적 장학금을 없애야 하는지 유지해야 하는지 논란이 되고 있습니다. 이 문제에 대해서 대학생 두 분을 모시고 토론을 진행해 보도록 하겠습니다. 우선 성적 장학금을 줄이면 안 된다는 쪽의 입장을 들어 보겠습니다.
남: 저는 지난 학기까지 성적 장학금을 받았는데요. 이번 학기부터 성적 장학금이 없어져서 성적이 좋은데도 장학금을 받지 못했습니다. 저희 집은 형편이 나쁘지는 않지만 장학금 덕분에 공부에만 집중할 수 있었습니다. 그런데 이제는 아르바이트를 할 수밖에 없습니다. 아르바이트 때문에 공부할 시간이 부족해지면 성적이 떨어질지도 모릅니다. 열심히 공부하는 학생이 더 열심히 할 수 있도록 장학금을 줘야 하는 것 아닙니까?
여2: 열심히 공부하는 학생에게 장학금을 줘야 한다는 의견에도 일리가 있습니다. 그렇지만 성적이 좋은 학생들은 나중에 취직이 잘되는 것으로 보상을 받을 수 있습니다. 형편이 어려운 학생들은 아르바이트를 해야 돼서 시간이 별로 없습니다. 그래서 성적 장학금을 받을 가능성도 낮습니다. 장학금은 형편이 어려운 학생들에게 줘야 합니다.
남: 제 생각은 좀 다릅니다. 형편이 얼마나 어려운지 그 기준을 정하는 것도 쉽지 않습니다. 결국에는 학생들끼리 누가 더 가난한지를 경쟁해야 장학금을 받을 수 있게 되는 것입니다. 또한 형편이 어렵지 않은 학생들도 장학금을 받고 싶어 할 수 있습니다. 가정 형편을 기준으로 장학금을 주는 것은 불공평하다고 생각합니다.
여2: 글쎄요. 학교에서 학생들에게 줄 수 있는 장학금 액수는 정해져 있습니다. 그렇다면 형편이 안 좋은 학생들에게 장학금을 줘서 공부할 기회를 마련해 주는 것이 더 효율적이고 공평하지 않을까요?
여1: 네. 시간 관계상 두 분의 토론, 여기까지 듣겠습니다. 이 문제와 관련된 애청자 여러분의 의견은 홈페이지 게시판에 올려 주시길 바랍니다. 감사합니다.

14. 언어와 생활 Language & Life

❶ 남: 다음 뉴스입니다. 서울대학교 연구 팀이 전국의 고등학교 1학년 학생 500명을 대상으로 언어 능력에 대해 조사했습니다. 조사 결과 70% 정도의 학생들은 고등학생 수준의 어휘력을 가지고 있지 못한 것으로 나타났습니다. 연구 팀의 최신조 박사는 이런 결과가 나온 것에 대해 학생들이 줄임말이나 유행어를 많이 쓰는 데다가 영상으로 새로운 말을 배우기 때문이라고 분석했습니다. 학생들이 유행이나 줄임말은 빨리 배우지만 기본적으로 알아야 할 어휘는 오히려 잘 모른다는 것입니다.

❷ 여: 테오 씨, 이따가 중도에서 봐요.
남: 네? 어디라고요?
여: 중도요. 중도에서 보자고요.
남: 그러니까 어디 중간에서 보자는 거예요? 아니면 제주도 같은 섬 이름이에요?
여: 중앙 도서관을 줄여서 중도라고 해요. 전 테오 씨가 한국 친구가 많아서 이 말을 알 줄 알았는데 처음 듣는 거예요?
남: 아, 줄임말이군요. 난 몰랐어요. 줄임말을 많이 쓰면 우리 같은 외국인들이 듣고 바로 이해하기가 어려운 데다가 지금처럼 오해가 생길 수도 있어요. 그래서 되도록이면 안 쓰는 게 좋을 것 같은데요.
여: 어떤 말은 저도 이해하기 어렵기는 한데 짧게 말할 수 있어서 시간을 절약할 수 있어요. 재미도 있고요. 자주 쓰는 줄임말은 알아 두는 게 좋지 않을까요?

❸ 여1: 안녕하세요. 요즘 사람들이 줄임말을 너무 많이 사용해서 이해하기 어렵다는 불만이 계속 나오고 있습니다. 줄임말 사용에 대해서 서로 다른 의견을 갖고 계신 네 분을 모시고 말씀 나눠 보도록 하겠습니다. 먼저 줄임말을 사용해도 된다는 입장을 들어 보겠습니다.
남1: 사람들은 의사소통을 경제적으로 하기 위해서 말을 줄여서 합니다. 예를 들어 '대학 수학 능력 시험'을 '수능'이라고 하면 좀 더 쉽고 빠르게 표현하고 이해할 수 있습니다. 줄임말은 한국뿐만 아니라 세계 여러 나라에서 흔히 사용됩니다. 말을 줄여서 하면 간편하고 시간도 절약할 수 있기 때문에 경제적입니다.
여2: 긴 말을 줄여서 쓰면 쉽고 빠르게 이해할 수 있기는 한데 어떤 말들은 못 알아들을 수 있습니다. 요즘 젊은 사람들은 생일 선물을 생선, 문화 상품권을 문상이라고 하는데 이 말들은 기존에 사용하던 말과 발음은 같지만 뜻이 달라서 줄임말이라는 것을 모르면 오해가 생길 수도 있습니다.
여3: 전에 외국인 친구를 처음 만났을 때 그 친구가 저한테 줄임말로 이야기한 일이 있었습니다. 그 말을 듣고 친근한 느낌이 들어서 빨리 친해질 수 있었습니다. 줄임말을 사용하면 시간을 줄일 수 있는 데다가 친근한 느낌이 들어서 서로 빨리 친해질 수 있습니다.
남2: 방금 말씀하신 대로 줄임말은 긍정적인 기능도 있습니다만, 문제점도 많습니다. 예를 들면 듣는 사람이 줄임말을 이해하지 못하면 대화가 끊길 수 있고 대화에 참여하지 못합니다. 또 공식적인 상황에서 줄임말을 자주 사용하면 상대방에게 안 좋은 인상을 줄 수도 있습니다. 그렇기 때문에 줄임말은 되도록 사용하지 않는 것이 좋다고 봅니다.
여1: 네. 줄임말을 사용해야 할지 말아야 할지에 대한 네 분의 의견, 잘 들었습니다. 지금부터는 이 문제에 대한 방청객의 의견을 들어 보겠습니다.

15. 소중한 환경 Precious Environment

❶ 여: 대학생 1,644명을 대상으로 일상생활에서 가장 심각하게 느끼는 환경 오염 문제에 대해 조사한 결과, 대기 오염이라는 응답이 1위를 차지했습니다. 설문에 참여한 대학생의 42%가 미세 먼지 때문에 일상생활에서 불편을 느낀다고 답했습니다. 다음으로 강이나 바다가 오염돼서 불편을 느낀다는 응답이 37%로 나타났고, 응답자의 16%는 기후 변화를 문제로 꼽았습니다. 토양 오염이 문제라고 응답한 사람은 6%에 불과했습니다.

❷ 여: 손에 뭐가 묻었네. 나 화장실 좀 갔다 올게.
남: 나 물티슈 있어. 이걸로 닦아.
여: 어, 고마워. 그런데 물티슈도 가지고 다녀?
남: 응. 음식 먹기 전이나 손을 닦기 어려울 때 쓰면 편리하더라고. 책상 위를 닦거나 청소할 때도 쓸 수 있고.
여: 네 말대로 편리하기는 한데 물티슈를 자주 쓰다가는 환경 오염이 심해질 수도 있어.
남: 에이, 무슨 소리야? 물티슈하고 환경 오염하고 무슨 상관이 있겠어?
여: 물티슈에는 플라스틱 성분이 포함돼 있어서 썩는 데 500년이나 걸린대.
남: 정말? 나는 휴지하고 비슷해서 괜찮을 줄 알았지.
여: 너처럼 물티슈가 플라스틱인 줄 모르는 사람들이 많아. 우리가 모르는 사이에 플라스틱 쓰레기를 마구 만드는 셈이지. 어쩌면 물티슈 같은 작은 물건을 낭비하지 않는 것이 환경 보호를 실천하는 일일지도 몰라.
남: 그래. 나도 앞으로는 물티슈를 좀 덜 써야겠어.

❸ 여: 한 조사에 의하면 많은 사람들이 대기 오염의 심각성을 우려하는 것으로 나타났습니다. 오늘은 대기환경연구소의 김민수 소장님을 모시고 이 문제에 대해 알아보도록 하겠습니다. 소장님, 대기 오염 때문에 걱정하는 분들이 많은데요. 대기 오염이 심각해진 원인은 무엇입니까?
남: 무엇보다도 인간의 경제 활동 범위가 넓어지고 활발해진 것이 가장 큰 원인입니다. 사람들이 경제 발전에 신경을 쓰는 사이에 우리를 둘러싼 환경이 오염된 것입니다. 특히 대기 오염 물질은 에너지를 얻는 과정에서 발생합니다. 예를 들어 전기를 얻기 위해 석탄을 태울 때나 자동차 등을 움직이기 위해 석유를 태우는 과정에서 다량의 오염 물질이 만들어지는데 이것이 대기 환경에 영향을 주는 것이지요. 경제 활동을 할 때 이미 많은 양의 매연이 나오는 데다가 여름이나 겨울에 냉방이나 난방을 하게 되면 오염 물질이 더 많이 발생합니다.
여: 최근에는 미세 먼지 때문에 외출이나 야외 활동을 하기 어려워지기도 했는데요. 이런 문제가 계속되다가는 우리가 숨 쉴 공기도 없어지는 게 아닐까요?
남: 충분히 그럴 가능성이 있습니다. 2019년 통계에 따르면 서울에서 미세 먼지 농도가 '나쁨' 단계 이상이었던 날은 65일이라고 하는데요. 시민들은 그때마다 야외 활동을 할 때 불편함을 느꼈을 겁니다. 미세 먼지는 숨을 쉴 때마다 인체에 들어와 건강에 영향을 미치게 됩니다. 사람이 공기 없이 버틸 수 있는 시간은 3분에 불과한데요. 공기가 중요한 만큼 대기 오염의 심각성을 절실하게 느낄 수밖에 없습니다.
여: 네, 정말 그렇겠네요. 잠시 광고 듣고 와서 대기 오염 문제의 해결책에 대해 들어 보도록 하겠습니다.

16. 동물과 식물 Animals & Plants

❶ 여1: 안나 언니, 잠깐 할 말이 있는데….
여2: 어, 무슨 일인데?
여1: 내 친구가 이번에 고향에 돌아가는데 키우던 고양이를 어떻게 할지 고민하더라고. 우리가 그 고양이를 키우면 어떨까?
여2: 친구가 고양이를 데리고 가면 되잖아.
여1: 친구가 탈 비행기에는 고양이를 태울 수 없대. 태우더라도 화물칸에 따로 둬야 하고 고향까지 열여섯 시간이나 걸려서 같이 갈 수가 없다더라고….
여2: 그러면 처음부터 키우지 말았어야지. 고향에 데려갈 수 없다는 걸 알았을 텐데 너무 무책임한 거 아니야?
여1: 친구가 한국에서 계속 살려고 했는데 갑자기 고향에 돌아가게 돼서 그래. 비행기에 태우기 어렵다는 것도 이번에 알았고.
여2: 난 싫은데. 고양이가 가구를 긁어 대서 가구가 엉망이 될 거야. 또 고양이는 털도 많이 빠지잖아. 배설물도 그렇고 집이 얼마나 지저분해지겠어. 목욕도 시키고 발톱도 깎아 줘야 된다던데? 관리가 힘들 거야.
여1: 그러면 그 고양이 어떻게 해? 길에 버릴 수도 없잖아.
여2: 불쌍해도 어쩔 수 없어. 우리 집에서는 못 키워.

❷ 남: 서울 시민을 대상으로 조사한 결과, 반려동물을 키우는 가구는 전체 가구의 20.4%로 이 중 85%는 반려견을 키우는 것으로 나타났습니다. 반려동물을 키우는 이유는 동물을 좋아해서 56.4%, 함께 사는 가족이 원해서 31%, 외로움을 달래기 위해서 17.7%, 아이들의 사회성을 키우기 위해서 17.2% 순이었습니다. 반려동물을 키우지 않는 시민들에게 앞으로 반려동물을 키울 생각이 있는지 질문한 결과, 49%가 그렇다고 응답해, 앞으로 반려동물을 키우는 가구는 계속 증가할 것으로 예상됩니다.

❸ 남: 여러분 안녕하십니까? 오늘의 생활 정보에서는 정신과 전문의 최지영 박사님을 모시고 반려동물과 정신 건강이라는 주제로 이야기를 나눠 보도록 하겠습니다. 박사님, 최근 반려동물을 키우는 가구가 늘어나고 있는데요. 아무래도 1인 가구가 증가한 것과 관계가 있을 것 같습니다.
여: 네, 맞습니다. 최근 1인 가구가 급증하면서 반려견이나 반려묘를 키우는 가구가 늘고 있습니다. 이 그래프를 보시면 1인 가구의 증가와 함께 반려동물 수도 증가하는 것을 확인할 수 있습니다.
남: 네, 그렇군요. 혼자 살면 외로움을 많이 느끼기 때문이겠죠?

여: 반려동물은 외로움을 달래 줄 뿐만 아니라 심리적인 안정감을 높여 줍니다. 혼자 살더라도 반려견과 함께 지내면 불안감이 줄어들고 가족처럼 의지할 수 있기 때문입니다. 또 반려동물을 키우면 우울증을 예방하는 효과도 있습니다.

남: 1인 가구뿐만 아니라 아이가 있는 집에서도 반려동물을 많이 키우는 것 같습니다.

여: 네, 그렇습니다. 아이들의 사회성을 키워 주는 데 반려동물이 긍정적인 역할을 할 수 있습니다. 요즘은 형제자매 없이 혼자 자라는 아이들이 많지요? 반려견이나 반려묘에게 무엇이 필요한지 관찰하는 과정을 통해 다른 사람과의 관계 형성을 배울 수 있습니다. 제 경우에는 아이에게 정리를 하라고 잔소리를 해 대는 편이었는데요. 반려견을 돌보게 했더니 아이가 자신의 일뿐만 아니라 맡은 일을 스스로 하는 등 책임감을 기르는 데에도 효과가 있었습니다.

남: 네. 반려동물을 키우는 것이 어른이나 아이 모두에게 큰 도움이 되는군요. 오늘 말씀 감사합니다. 다음 시간에는 반려동물을 키울 때 주의해야 할 점에 대해 이야기 나눠 보도록 하겠습니다.

17. 과학과 생활 Science & Life

❶ 여: 에릭, 너 어제 명동에 갔지?
남: 아니. 하루 종일 도서관에 있었는데.
여: 내가 명동에서 너랑 똑같이 생긴 사람이랑 마주쳐서 인사했는데 날 보고도 그냥 가더라고.
남: 혹시 내가 아니라 우리 형을 본 게 아닐까? 어제 형이 시내에 간다고 하긴 했어.
여: 너 형이 있었어?
남: 응. 나랑 비슷하게 생겨서 어렸을 때부터 친구들이 나라고 착각하는 일이 많았어. 형이랑 나는 키도 같고 얼굴도 비슷해서 쌍둥이가 아니냐는 오해를 자주 받아. 외모도 비슷하지만 입맛도 비슷해.
여: 형제들은 같은 유전적 특징이 나타난다던데 정말 그런가 보네.

❷ 여: 여러분, 안녕하세요? 생활 속 과학 상식 시간입니다. 오늘은 컵이나 그릇이 겹쳐서 빠지지 않을 때 해결할 수 있는 방법을 알려 드리겠습니다. 설거지를 하다가 컵이나 그릇이 겹쳐서 뺄 수 없었던 적이 있으셨지요? 이때 힘으로 무리하게 빼려고 하면 컵이 깨질 수도 있습니다. 이런 경우에는 힘이 아니라 뜨거운 물과 차가운 물이 필요합니다. 우선 안쪽 컵에 차가운 물을 넣고 바깥쪽 컵을 뜨거운 물에 담가 보세요. 그러면 바깥쪽 컵은 늘어나고 안쪽 컵은 줄어들어서 큰 힘을 주지 않고도 쉽게 분리할 수 있습니다. 어렵지 않으니 컵이나 그릇이 겹쳐서 빠지지 않을 때 한번 해 보시기 바랍니다.

❸ 남: 여러분, 안녕하세요? 여러분은 '과학' 하면 어떤 느낌이 드시나요? 과학의 '과' 자만 들어도 질색하는 분들도 계시고 골치가 아프다고 하는 분들도 계십니다. 학교에서 여러 가지 과학 지식을 배우고도 이것을 일상생활과 관련지어 생각하시는 분은 별로 없습니다. 오늘은 과학 원리가 어렵고 멀게만 느껴지는 게 아니라 일상생활과 관계가 있다는 것을 알려 드리려고 합니다.

여러분은 컵이 겹쳐서 빠지지 않을 때 어떻게 하시나요? 네, 맞습니다. 차가운 물과 뜨거운 물을 이용하면 쉽게 뺄 수 있지요? 그런데 어떤 원리로 컵이 빠지는지 의문을 가지는 분은 별로 없을 겁니다. 차가운 물을 넣은 컵은 줄어들고 뜨거운 물에 담근 컵은 미세하게 늘어나서 겹쳤던 컵이 쉽게 빠지는 겁니다. 온도에 따라 물질이 늘어나고 줄어드는 원리를 이용한 것이죠. 또 다른 예를 들어 볼까요? 페트병이나 유리병에 든 음료수가 가득 차 있지 않다는 것을 아시나요? 기업들이 돈을 아끼기 위해서 그랬을까요? 돈을 아끼려고 그런 게 아니라 온도가 올라갔을 때 음료수가 부풀어서 뚜껑이 열리는 것을 막기 위해서입니다. 컵같이 딱딱한 물질은 온도에 따라 미세하게 늘어나고 줄어들지만 물은 딱딱한 물질보다 더 많이 늘어날 수 있기 때문입니다.

과학은 골치 아프고 어려운 것이 아닙니다. 우리 주변에서 일어나는 일들에 대해서 호기심을 가지고 원리가 무엇인지 찾다 보면 하루하루 새로운 사실을 알게 되고 과학으로 인해 즐거워질 겁니다.

18. 잊지 못할 인연 Unforgettable Connections

❶ 여: 도와주셔서 고맙습니다. 공항철도 타는 곳을 찾기가 어려웠는데 아저씨 덕분에 무사히 기차를 탈 수 있었어요.
남: 고맙기는요. 공항이 넓어서 처음 온 사람들은 잘 못 찾고 헤매더라고요. 아까 비행기에서 보니까 한국어책을 읽고 있던데 말하는 것도 그렇고, 한국어 참 잘하네요.
여: 잘하기는요. 아직 배우는 중이에요.
남: 한국에는 여행 온 거예요?
여: 아뇨. 제가 한국 대학원에 진학하려고 하거든요. 그래서 한국어 배우러 왔어요.
남: 아, 그렇군요. 어느 학교예요?
여: 서울대학교 언어교육원요.
남: 서울대학교요? 우리 딸이 거기에서 한국어를 가르치는데….

❷ 여: 다음은 서울 관악구에서 나나 씨가 보내 주신 사연입니다.

저는 한국에서 유학 중인 학생인데요. 제가 한국에서 만난 특별한 인연에 대해 소개해 드리고 싶어서 사연을 보냅니다. 저는 두 달 전쯤 한국에 처음 왔습니다. 공항에 도착했을 때 공항철도 타는 곳을 몰라서 헤매고 있었습니다. 그때 어떤 아저씨가 저에게 다가오더니 어딜 찾느냐고 물었습니다. 제 대답을 들은 아저씨는 자기도 가는 길이라면서 길도 알려 주고 제 짐도 들어 줬습니다. 아저씨 덕분에 무사히 숙소에 도착할 수 있었습니다. 그 후 저는 한 대학교의 언어교육원에서 한국어를 배우게 됐는데 어느 날 한국어 선생님이 수업 시간에 가족사진을 보여 주셨습니다. 저는 깜짝 놀

랐습니다. 선생님의 아버지가 제가 공항에서 만난 아저씨였기 때문입니다. 만약 제가 그 아저씨를 만나지 못했더라면 한국에서의 첫날을 당황스럽고 힘든 날로 기억했을 겁니다. 하지만 그 아저씨 덕분에 한국과 한국 사람에 대해 좋은 기억을 가지게 됐습니다. 다음에 다시 아저씨를 만날 수 있다면 꼭 감사하다는 말씀을 드리고 싶습니다.

참 따뜻하고 재미있는 사연이네요. 나나 씨가 한국에서 좋은 추억을 많이 만들기를 바라면서 신청곡 띄워 드리겠습니다.

❸ 남: 청취자 여러분, 안녕하십니까? 오늘은 지난주에 예고해 드린 대로 국내외에서 한국 전문가로 꼽히는 브라운 씨를 모시고 말씀 나눠 보겠습니다. 어서 오세요.
여: 네, 안녕하세요? 브라운이라고 합니다.
남: 브라운 씨는 한국과 인연이 깊으신 것 같습니다. 언제 처음 한국에 오셨지요?
여: 대학교를 졸업하고 자원봉사자로서 한국의 중학교에서 영어를 가르쳤는데 그때 처음 한국과 인연을 맺었어요.
남: 아, 오래전부터 한국과 인연이 있으셨네요. 그래서 그런지 한국어를 굉장히 잘하세요.
여: 잘하기는요. 전에는 훨씬 더 잘했는데 지금은 많이 잊어버려서 예전만 못합니다.
남: 한국 대사관에서도 근무하시고 대학교수로도 학생들을 가르치는 등 여러 가지 다양한 일을 하셨는데 가장 인상 깊었던 일이 무엇인지 여쭤 보고 싶습니다.
여: 여러 가지 일을 했지만 아무래도 처음 한국에 왔을 때가 가장 기억에 남습니다. 제가 봉사활동을 하지 않았더라면 지금처럼 한국과 깊은 인연을 맺지는 못했을 것 같습니다.
남: 거의 40년간 한국과 인연을 맺은 셈인데 그동안 많은 변화를 느끼셨을 것 같습니다.
여: 네. 한국은 올 때마다 몰라보게 달라지는 것 같아요. 경제를 비롯해서 정치, 사회, 문화 모두 발전하는 모습을 보니 정말 자랑스럽고 뿌듯합니다.
남: 마지막으로 앞으로 어떤 계획을 가지고 계신지 말씀해 주시기 바랍니다.
여: 저는 앞으로도 한국과 우리 나라가 좋은 관계를 맺을 수 있도록 중간에서 다리 역할을 하고 싶습니다.
남: 네. 저도 앞으로 브라운 씨가 그런 역할을 해 주시기를 기대합니다. 오늘 나와 주셔서 감사합니다.

과제 설명

10단원

1. 과제 설명: 대인 관계와 관련된 행동에 대한 목록을 작성하는 활동입니다.
2. 활동 방법
   ① 긍정적인 태도와 부정적인 태도가 무엇이 있는지 목록을 분류합니다.
   ② 자신이 경험한 기분 좋은 태도와 기분 나쁜 태도에 대해 이야기합니다.
   ③ 다른 사람을 대할 때 해야 하는 행동과 하지 말아야 하는 행동의 목록을 만듭니다.
   ④ 정리한 목록을 발표합니다.

11단원

1. 과제 설명: 다른 사람에게 부탁하고 거절하는 표현을 연습하는 활동입니다.
2. 준비물: 스티커
3. 활동 방법
   ① 반 친구들을 두 팀으로 나눕니다. 한 팀은 거절을 하고 다른 한 팀은 부탁을 합니다.
   ② 거절하는 친구들은 한 줄로 서고 부탁하는 친구들은 순서대로 자리를 옮기면서 부탁을 합니다. 여러 명의 친구들에게 같은 부탁을 하고 거절하는 친구들은 부탁을 거절합니다.
   ③ 부탁 팀의 친구들이 부탁을 모두 마치면 거절 팀의 친구들이 그중에서 가장 부탁을 잘한 친구에게 스티커를 줍니다. 그리고 부탁 팀의 친구들은 가장 거절을 잘한 친구를 골라 스티커를 주면 됩니다.
   ④ 두 팀의 역할을 바꿔서 다시 한번 부탁과 거절을 하게 하고 똑같은 방법으로 스티커를 주게 합니다.
   ⑤ 모든 활동이 끝난 후 가장 스티커를 많이 받은 학생을 확인합니다.
   ⑥ 스티커를 준 이유를 발표합니다.

12단원

1. 과제 설명: 한국 속담을 요즘 상황에 맞게 바꿔 보는 활동입니다.
2. 활동 방법
   ① 한 팀이 3~4명이 되도록 팀을 만듭니다.
   ② 속담 목록을 보고 어떤 상황에서 쓸 수 있는지 이야기합니다.
   ③ 요즘 상황과 맞지 않는 속담은 어떤 것이 있고 어떻게 바꾸고 싶은지 이야기합니다.
   ④ 새로 만든 속담과 바꾼 이유를 발표합니다.

13단원

1. 과제 설명: 최근 논란이 되고 있는 사회 문제에 대해 일대일 토론을 해 보는 활동입니다.
2. 활동 방법
   1) 주제가 1개일 경우
      ① 어떤 주제에 대해서 토론할지에 대해서 이야기합니다.
      ② 이야기한 주제 중 토론에 적합한 주제 하나를 고릅니다.
      ③ 반 친구들을 두 팀으로 나눕니다. 한 팀은 찬성을 하고 다른 한 팀은 반대를 합니다.
      ④ 찬성 팀과 반대 팀은 각자 모여서 찬성하는/반대하는 근거를 찾습니다.
      ⑤ 근거를 찾아본 뒤 찬성 1명과 반대 1명이 모여서 일대일 토론을 시작합니다.
      ⑥ 토론이 끝나면 의견을 정리하고 마무리합니다.

2) 주제가 2개 이상일 경우
① 어떤 주제에 대해서 토론할지에 대해서 이야기합니다.
② 이야기한 주제 중 토론에 적합한 주제 2~4개를 고릅니다.
③ 각자 관심이 있는 주제로 팀을 나눕니다.
④ 주제별로 모여서 찬성 팀과 반대 팀을 나눕니다.
⑤ 찬성 팀과 반대 팀은 각자 모여서 찬성하는/반대하는 근거를 찾습니다.
⑥ 근거를 찾아본 뒤 주제별로 1:1 토론을 합니다.
⑦ 토론이 끝나면 주제를 바꿔서 다시 토론을 진행합니다.

14단원

1 과제 설명: 언어 사용에 대해 2:2 토론을 해 보는 활동입니다.
2 활동 방법
① 교과서에 제시된 두 가지 주제 중 각자 관심이 있는 주제로 팀을 나눕니다.
② 주제별로 모여서 찬성 팀과 반대 팀을 나눕니다.
③ 찬성 팀과 반대 팀은 각자 모여서 찬성하는/반대하는 근거를 찾습니다.
④ 찬성 두 명, 반대 두 명이 한 팀을 만들어서 주제별로 토론을 시작합니다.
⑤ 토론이 끝나면 의견을 정리하고 마무리합니다.

15단원

1 과제 설명: 벼룩시장을 준비하고 직접 물건도 팔아 보는 활동입니다.
2 준비물: A3 종이, 색연필, 책상(의자), 장소
3 활동 방법
1) 교실에서의 준비
① 준비 단계에서 자신이 많이 가진 물건이나 자신에게 필요하지 않은 물건의 목록을 정리해 봅니다.
② 서로 비슷한 종류의 물건을 가진 2~3명을 팀으로 구성합니다.
③ 팀의 주제를 정하고 포스터를 작성합니다.
   예) 일회용품을 줄이기 위한 상품/필요하지 않은 물건을 나누는 활동
④ 준비한 물건의 가격을 정하고 가격표를 만듭니다.
2) 본활동
① 3~4반이 함께 모일 수 있는 장소를 마련합니다. 물건을 판매할 수 있는 책상을 준비합니다.
② 각 반의 팀을 가 팀과 나 팀으로 나눕니다.
③ 먼저 가 팀이 판매대를 차리고 포스터를 게시합니다. 나 팀은 돌아다니며 필요한 물건을 삽니다.
④ 20분 정도 시간이 지나면 나 팀이 판매대를 차리고 포스터를 게시합니다. 가 팀이 돌아다니며 필요한 물건을 삽니다.

16단원

1 과제 설명: 동물/식물 소개 카드를 작성하고 사전을 만드는 활동입니다.
2 준비물: 엽서 크기로 자른 종이, 색연필, 제본에 필요한 기구 또는 A2 종이
3 활동 방법
1) 교실에서의 준비
① 조사한 내용을 정리합니다. 사진을 미리 준비하면 좋습니다. 사진이 없으면 간단하게 그림을 그립니다.
② 조사한 내용을 카드에 작성할 때는 내용을 너무 자세하게 작성하지 않도록 합니다.

2) 본 활동
① 동물 팀과 식물 팀으로 나누어서 진행합니다. 사전에 투표를 통해 전체 인원이 동물 또는 식물을 조사할지를 결정해도 됩니다.
② 한 명씩 조사한 내용을 소개합니다. 모둠 활동으로 진행해도 좋습니다. 모둠 활동으로 진행할 경우 A2 종이에 조사한 내용을 붙여 전시할 수 있습니다.
③ 전체 활동으로 진행할 경우 카드를 모아 제본하여 동물/식물 사전을 완성합니다. 표지를 추가할 수도 있습니다. 이때 표지의 디자인은 토의를 거쳐 정합니다.

17단원

1 과제 설명: 과학 원리(정전기)를 이용해서 단어를 맞히는 활동입니다.
2 준비물: 단어를 쓸 수 있는 종이(20장), 정전기를 일으키는 도구
3 활동 방법
① 한 팀이 3~4명이 되도록 팀을 만듭니다.
② 4급에서 배운 단어 중 상대 팀이 맞히기 어려울 거라고 생각하는 단어를 종이에 적습니다.
③ 각 팀에서 적은 단어 카드를 다른 팀에게 줍니다.
④ 팀에서 한 명을 뽑고 단어 카드를 뽑힌 사람의 등에 붙입니다.
⑤ 나머지 세 사람이 설명을 하면 등에 종이가 붙어 있는 사람이 정답을 맞힙니다. 설명하는 동안 등에서 카드가 떨어지면 그 카드에 있는 단어는 맞힐 수 없습니다.
⑥ 가장 많이 맞힌 팀이 이깁니다.

18단원

1 과제 설명: 추억을 간직할 수 있는 롤링 페이퍼를 써 보는 활동입니다.
2 준비물: A4 크기의 색종이, 색연필, 색펜
3 활동 방법
① 준비 단계에서 종이에 학생이 자신의 이름을 씁니다. 색연필 등으로 예쁘게 꾸며도 됩니다.
② 한 방향으로 종이를 돌리거나 자유롭게 종이를 주고받으면서 서로에게 해 주고 싶은 말을 씁니다. 친구의 이름으로 삼행시를 짓게 해도 좋습니다.
③ 메시지를 모두 쓴 종이는 주인에게 돌려줍니다.
④ 롤링 페이퍼 쓰기 활동이 끝나면 활동지를 들고 기념사진을 찍거나 벽에 전시를 해도 좋습니다.

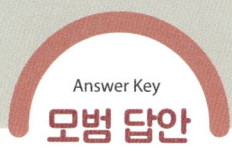

Answer Key
모범 답안

10. 태도와 평가 Attitude & Assessment

듣기 p. 28

듣기1
1. ☑ 왜 사람들이 듣지 않게 되었는가?
   ☑ 어떻게 하면 다른 사람의 이야기를 잘 들어줄 수 있는가?
   ☑ 다른 사람이 잘 들을 수 있도록 이야기하는 방법은 무엇인가?
2. 책이 진열되기가 무섭게 사 갈 정도로 인기가 많다.

듣기2
1. 항상 자기 말이 맞는다고 우긴다.
2. ③

듣기3
1. ② 2. ③

읽기 p. 31

준비 가장 존경하는 인물을 조사한 결과, 한국 사람치고, 도와주기는커녕

읽기1
1. ① 2. ②

읽기2
1. 한센병 환자들을 모아 치료해 온 전라도의 섬
2. ②
3. ③

11. 대인 관계 Human Relationship

어휘 p. 40

1. 1) 직접적으로 부탁하다 2) 도움을 청하다
   3) 핑계를 대다   4) 솔직하게 말하다
   5) 간접적으로 거절하다

듣기 p. 44

듣기1
1. 남자의 사촌 동생
2. ③

듣기2
1. 여자가 부탁을 예의 없게 해서 기분이 안 좋았기 때문에 선생님이 부탁을 거절했다.
2. 번거롭게 해 드려서 죄송한데 시간이 있으시면 추천서를 부탁드려도 될까요?

듣기3
1. ③ 2. ③

어휘 p. 46

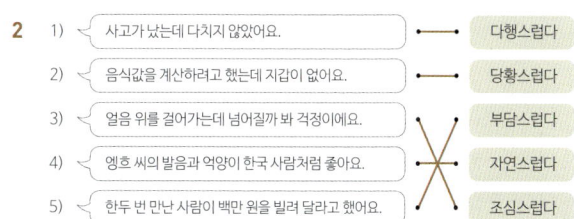

읽기 p. 47

준비 다른 사람이 시키는 대로, 생길 수 있으므로

읽기1
1. 대인 관계
2. 1) × 2) ×

읽기2
1. ② 2. ③

12. 옛날이야기의 교훈 Morals from Old Stories

듣기 p. 60

듣기1
1. 1) ○   2) ×
2. 미운 아이 떡 하나 더 준다.

듣기2
1. ①
2. 송편의 색깔이 다양하고 예쁜데 맛도 있어서

듣기3
1. ②
2. ☑ 그림의 떡이다.
   ☐ 남의 떡이 더 커 보인다.
   ☑ 미운 아이 떡 하나 더 준다.
   ☑ 떡 줄 사람은 생각도 않는데 김칫국부터 마신다.

읽기 p. 63

준비 문화가 반영되기, 같은 단어의 의미에도 차이가 있다는, 곰 같다는 말로

읽기1
1. 어떤 아이가(사람이) 엄마 말을 잘 듣지 않는다는 뜻
2. ①

읽기2
1. ③ 2. ①

13. 논란거리 Controversies

어휘 p. 72

2 1) 반대에 부딪히다   2) 갈등을 풀다
   3) 항의하다   4) 요구하다
   5) 해결책을 찾다

듣기 p. 76

듣기1 1 학교 안에 상업 시설(브랜드 커피숍)이 생겨도 되는지 안 되는지에 대해 이야기하고 있다.
2 1) 남자 — 학교 안에도 상업 시설이 필요하다.
   2) 여자 — 학교 안에 상업 시설이 들어오면 안 된다.
(교차 연결)

듣기2 1 ③
2 과사무실에 가서 자기가 장학금을 받을 수 있는지 알아본다.

듣기3 1 성적 장학금을 없애야 하는지 유지해야 하는지에 대한 토론이다.
2
1) 남자 • 성적이 좋은 학생은 취직할 때 보상받을 수 있다.
       • 형편이 어려운 학생들에게 공부할 기회를 주어야 한다.
2) 여자 • 형편이 어렵지 않은 학생도 장학금을 받고 싶을 수 있다.
       • 열심히 노력한 것에 대한 보상으로 주는 것이 장학금이다.
(교차 연결)

읽기 p. 79

준비 예전과/과거와, 아이를 낳느니

읽기1 1 어린이의 출입을 제한하는 곳
2 ①

읽기2 1 ②
2 1) (✓ 배려   ☐ 차별)
   2) (☐ 생각해야 한다   ✓ 생각하면 안 된다)

14. 언어와 생활 Language & Life

듣기 p. 92

듣기1 1 1) 고등학교 1학년 500명   2) 언어 능력
2 ②

듣기2 1 중앙 도서관
2 ②

듣기3 1 줄임말을 써도 되는지 쓰면 안 되는지에 대한 토론이다.
2

써도 된다	쓰면 안 된다
• 시간을 절약할 수 있다. • 더 쉽고 빠르게 표현하고 이해할 수 있다. • 친근한 느낌이 든다.	• 오해가 생길 수 있다. • 대화가 끊기고 대화에 참여하지 못할 수 있다. • 안 좋은 인상을 줄 수 있다.

읽기 p. 95

준비 에스엔에스며 인터넷이며, 에스엔에스나 인터넷에

읽기1 1 사투리, 존댓말을 비롯해서 신조어 등 이해하기 어려운 말이 많다.
2 ③

읽기2 1 강하게 발음하는 것, 단어에 '최', '초', '수퍼', '울트라', '핵' '개' 등을 붙여 쓰는 것
2 ①
3 ③

15. 소중한 환경 Precious Environment

듣기 p. 108

듣기1 1 일상생활에서 가장 심각하게 느끼는 환경 오염 문제에 대해 조사했다.
2
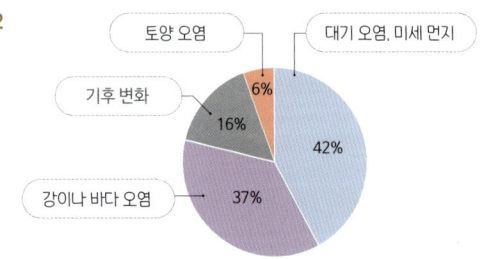

듣기2 1 물티슈 사용의 문제점
2 ②

듣기3 1 ③
2 ③
3 대기 오염 문제의 해결책

읽기 2	1	②
	2	일회용 마스크
	3	☐ 마스크를 쓴다.
		☑ 물을 많이 마신다.
		☐ 풍선을 머리에 비빈다.
		☑ 손에 크림을 바른다.

18. 잊지 못할 인연 Unforgettable Connections

듣기 p. 156

| 듣기 1 | 1 | 공항철도 타는 곳을 알려 줬다. |
| | 2 | ② |

듣기 2 1

2 ①

듣기 3	1	대학교를 졸업하고
	2	☑ 대학교수 ☐ 방송 기자
		☑ 대사관 근무 ☑ 영어 선생님
	3	②

읽기 p. 159

| 준비 | 많았었는데, 편지를 쓰곤 |

| 읽기 1 | 1 | 내용과 연출, 한국어가 모두 훌륭하다. |
| | 2 | ① |

읽기 2	1	히엔이 장연이 선생님에게
	2	③
	3	①

Glossary 어휘 색인

ㄱ

한국어	영어	쪽
가구 (소파 등)	furniture	124
가능성	possibility	120
가르침	teaching	65
가슴속에 간직하다	to keep in one's heart	158
간이 맞다	to be well-seasoned	59
간접적으로 거절하다	to refuse indirectly	40
간접적이다	to be indirect	127
갈다	to grind	138
갈등을 풀다	to resolve a conflict	72
갈등이 생기다	be in conflict	72
감싸다	to stand up for	24
감정	feeling	45
감탄사를 많이 쓰다	to use a lot of interjections	94
강연	speech	61
강요하다	to force	74
강이 오염되다	river is polluted	104
개구리 올챙이 적 생각 못 한다	danger past, God forgotten	56
개발되다	to be developed	110
개발하다	to develop	110
거들다	to lend a hand	24
거래처	customer/business account	121
겨우 이해하다	to barely understand	94
결국	ultimately	77
결론	conclusion	29
겸손하다	to be humble	30
겹치다	to overlap	58
경력	work experience	59
경쟁하다	to compete	77
경제 활동이 활발하다	economic activity is active	109
고래류	cetaceans	128
고통	pain	145
골치가 아프다	have a headache	136
곰 같다	to be like a bear	62
곱슬머리	curly hair	137
공격성	aggression	120
공기가 오염되다	air is polluted	104
공손하다	to be polite	30
공식적	official	91
공식적으로	officially	129
공평하다	to be fair	77
과제	assignment	60
과학 용어	scientific term	142
관리가 힘들다	to be hard to manage	120
관장	director	143
관찰력	observation	142
관찰하다	to observe	125
괜히	in vain	45
굉장히	greatly	157
교훈	lesson	65
구급차	ambulance	90
구청	district office	123
권선징악	encouraging the good and disciplining the bad	65
귀하다	to be precious	61
그리워하다	to miss	33
그림의 떡이다	pie in the sky	56
글쓴이	writer	96
금연 구역	non-smoking area	81
금지하다	to prohibit	73
급증하다	to surge	125
기간	period	105
기능	function	93
기억력	memory	142
기억이 떠오르다	to remember a recollection	158
기억이 생생하다	to have a vivid recollection	158
기준	standard	77
길고양이	stray cat	73
꺼리다	to be reluctant	33
꼽다	to be counted	108
끓다	to boil	32

ㄴ

한국어	영어	쪽
나무꾼	woodcutter	65
남의 떡이 더 커 보인다	grass is greener on the other	

어휘 색인 181

한국어	English	쪽
	side of the fence	56
냉방	air-conditioning	109
널리 쓰이다	to become used	94
널리 알려지다	to become widely known	94
논란이 되다	be controversial	72
누워서 침 뱉기이다	cut off one's nose to spite one's face	56
눈치가 보이다	to feel uncomfortable	27

ㄷ

한국어	English	쪽
다가오다	to approach	156
다량	large amount	109
다름을 인정하다	to acknowledge the differences	46
다리를 꼬다	to cross one's legs	107
다양성	diversity	120
다행스럽다	to be a relief	46
다회용품	multi-use product	113
단계	stage	109
달래다	to comfort	81
담그다	to soak	141
담요	blanket	57
당첨되다	to win	59
당황스럽다	to be flustered	46
닿다	to touch	144
대기 오염	air pollution	104
대중교통을 이용하다	to use public transportation	110
(비닐봉지를 장바구니로) 대체하다	to replace (plastic bag with shopping basket)	110
대충 짐작하다	to make a rough guess	94
대학 수학 능력 시험	College Scholastic Ability Test (CSAT)	93
대화가 끊기다	to have difficulty to continue dialogue	88
더불다	to do together	113
더욱	increasingly	128
도끼	axe	65
도덕적	moral	91
도움을 청하다	to ask for help	40
독자	reader	29
돌떡	1st birthday rice cake	61
돌려서 말하다	to say in a roundabout way	44
동물 보호 단체	animal rights group	123
동물원에 가두다	to cage in a zoo	126
동물원을 만들다	to create a zoo	126
동일하다	to be the same	129
동정심	sympathy	30
동창회	alumni reunion	155
되도록	as much as possible	75
두려움	fear	144
두렵다	to be scared	46
드물다	to be rare	97
등장하다	to appear	61
딱딱하다	to be hard	141
땅이 꺼지다	ground collapsed	90
땅이 오염되다	land is polluted	104
떠내려가다	to be washed away	64
떠들다	to talk loudly	80
떡 줄 사람은 생각지도 않는데 김칫국부터 마신다	don't count your chickens before they hatch	56
뚜껑	lid	141

ㄹ

한국어	English	쪽
롤링 페이퍼	friends' notes	163

ㅁ

한국어	English	쪽
마구 만들다	to make recklessly	94
마구 사용하다	to use recklessly	94
마음대로	as one pleases	29
마찰력	friction	142
말을 더듬다	to stutter	94
망가뜨리다	to damage	27
맞장구를 치다	to chime in	49
매연을 배출하다	to emit fumes	104
머그 컵	mug	113

머리카락	hair	145
머무르다	to stay	145
먹이를 주다	to feed	73, 126
면적	area	129
면접시험	interview test	25
멸종되다	to become extinct	126
멸종 위기에 처하다	to be on the brink of extinction	130
모래	sand	144
모형	replica	60
몰라보게 달라지다	to change beyond recognition	152
못 알아듣다	to not understand	88
못 알아볼 정도로 변하다	to transform beyond recognition	152
무덤	grave	64
무리하다	to overexert	140
무사히	safely	156
무시하다	to ignore	24
문제가 되다	to be a problem	72
문제가 안 되다	to not be a problem	72
묻다	to bury	64
물다	to bite	122
물속	in the water	106
물을 아끼다	to conserve water	110
물질	substance	109
물티슈	wet wipe	108
미세	minuteness	106
미세 먼지	fine dust	108
미세하다	to be fine	141
미운 아이 떡 하나 더 준다	kill someone with kindness	56

ㅂ

바깥쪽	outside	140
바람	wish	96
박사	doctoral degree/Ph.D.	92
반대에 부딪히다	to meet with opposition	72
반려견	companion dog	122
반려동물	companion animal/pet	73
반려묘	companion cat	125
반말	informal speech	88
반박하다	to refute	99
반복되다	to be repeated	122
반응	reaction	49
받아들이다	to accept	29
발생하다	to occur	112
발톱	toenail	124
밤낮없이	day and night	123
방청객	audience	93
방해하다	to interfere	144
배	counting unit for times	79
배려심	consideration	30
배려하다	to consider	24
배설물을 치우다	to clean up the excrement	120
백설기	white steamed rice cake	61
버티다	to endure	109
번거롭다	to be cumbersome	40
번식시키다	to breed	126
벌을 받다	to be punished	62
범위	range	109
법을 어기다	to break the law	91
베스트셀러	best seller	29
베풀다	to give out	33
벨루가	beluga whale	128
벼룩시장	flea market	115
보기 좋은 떡이 먹기도 좋다	taste as good as it looks	56
보살피다	to look after	33
보상	compensation	77
보조하다	to assist	58
복권	lottery	59
복도	hallway	122
복을 받다	to be blessed	62
볼트	volt	145
부담스럽다	to feel burdened	46
부담을 주다	to put a burden on	40
부서지다	to break	106

부정적이다	to be negative	79
부풀다	to inflate	141
북극해	Arctic Ocean	128
분류하다	to sort	35
분리해서 버리다	to separate and throw away	110
불가능하다	to be impossible	78
불공평하다	to be unfair	78
불러일으키다	to bring about	112
불성실하다	to be untrustworthy	78
불친절하다	to be rude	78
불편을 겪다	to experience inconvenience	78
불필요하다	to be unnecessary	78
브랜드	brand	76
비결	secret	29
비난을 받다	to be criticized	78
비난하다	to criticize	78
비비다	to rub	145
비유하다	to use as a metaphor	63
비키다	to step aside	74
빼앗기다	to be taken away	65

ㅅ

사냥을 금지하다	to ban hunting	126
사냥하다	to hunt	122
사육	animal raising	125
사투리를 쓰다	to speak in a dialect	94
사회	society	157
사회성	sociality	120
사회성을 키우다	to develop social skills	120
산신령	mountain spirit	65
상관	correlation	106
상업	commercial	76
상징하다	to symbolize	129
상큼하다	to be fresh	138
새로운 사실을 발견하다	to discover a new fact	142
생활하수를 버리다	to dump domestic sewage	104
서식지를 보호하다	to protect the habitat	126

서식하다	to inhabit	126
서운하다	to be saddened	40
서운해하다	to be saddened	40
석유를 태우다	to burn oil	104
석탄을 태우다	to burn coal	104
섞이다	to be mixed	106
선행	good deed	33
설득하다	to persuade	49
성분	component	108
성의	sincerity	49
성인	adult	80
세금	tax	112
세상이 참 좁다	world is so small	152
세심하다	to be meticulous	30
세월이 쏜살같다	time flies like an arrow	158
소개받다	to be introduced	158
소장님	division manager	109
소통	communication	45
손꼽아 기다리다	to look forward to	152
손해를 보다	to suffer a loss	40
솔직하게 말하다	to speak frankly	40
쇼핑몰	shopping mall	153
수녀님	sister	33
수산물	seafood	106
수의대	college of veterinary medicine	129
수족관에 가두다	to cage in an aquarium	126
수준에 맞다	to be up to someone's level	75
수질 오염	water pollution	104
수천	thousands	128
순간	moment	32
순하다	to be gentle	122
숲을 개발하다	to exploit a forest	104
쉽게 접하다	to easily encounter	142
쉽게 접하지 못하다	to not easily encounter	142
슬픔	sorrow	64
습관적으로 사용하다	to use habitually	94
시각	view	97
시간을 절약하다	to save time	88

시대	times	97
식물원을 만들다	to create a botanical garden	126
식생활	dietary life	61
신념을 지키다	to keep one's principles	30
신조어	neologism	88
실생활에 활용되다	to be used in real life	142
실생활에 활용하다	to use in real life	142
심각성	seriousness	109
심리적 안정감을 높이다	to increase psychological stability	120
싱크홀	sinkhole	90
쌍둥이	twins	140
쑥스럽다	to be shy	40
쓴맛	bitter	138
쓸데없다	to be useless	97

ㅇ

아랫사람	person who is younger, or junior in status or position	31
아마추어 선수	amateur athlete	75
아무튼	anyway	58
안심이 되다	to feel relieved	161
안 좋은 인상을 주다	to give a bad impression	88
안쪽	inside	140
알람	alarm	137
알아 두다	to remember	92
앞서	earlier	97
앰뷸런스	ambulance	90
야생 동물	wild animal	127
얌전하다	to be well-behaved	81
양	amount	106
양 같다	to be like a sheep	62
양해를 구하다	to ask for understanding	78
어리석다	to be foolish	62
어색하다	to be awkward	40
어색해지다	to be awkward	40
어설프다	to be clumsy	45
어휘력	vocabulary skills	92

억양이 강하다	to have a strong accent	94
언론	press	33
에너지를 낭비하다	to waste energy	104
에너지를 아끼다	to conserve energy	110
여수	Yeosu	128
여우 같다	to be like a fox	62
연못	pond	65
열정적이다	to be passionate	30
영감	inspiration	29
영리하다	to be clever	62
예전 그대로이다	to be the same as before	152
예전만 못하다	to not be as good as before	152
오이	cucumber	138
오해가 생기다	to have a misunderstanding	88
오해받다	to be misunderstood	158
올림	Sincerely	161
완성하다	to complete	108
완전히	completely	129
외국어	foreign language	88
외래어	loanword language	88
외로움을 달래다	to console one's loneliness	120
요구하다	to request	72
욕심을 부리다	to be greedy	62, 65
욕하다	to swear	57
용서하다	to forgive	24
우기다	to insist	24
우려하다	to be worried about	109
우선	first	77
우연히 만나다	to meet by chance	152
우울증을 예방하다	to prevent depression	120
운영하다	to operate	81
움직임	movement	144
원리가 궁금하다	be curious about the principle	136
원만하다	to get along	46
원서 접수	application submission	105
원숭이도 나무에서 떨어질 때가 있다	even Homer sometimes nods	56
원칙	principle	45

위협하다	to threaten	129
윗사람	person who is older, or senior in status or position	49
유전되다	to be inherited	136
유전자가 전달되다	gene has transferred	136
유전자를 물려받다	to inherit a gene	136
유전자를 찾아내다	to find a gene	136
유전적 특징이 나타나다	to have a generic trait	136
유창하게 말하다	to speak fluently	94
유행어	buzzword	88
유형	type	138
은혜를 갚다	to return the favor	62
음식이 타다	food is burnt	105
의문을 가지다	to have doubts	141
의사소통이 잘되다	communication goes well	88
의심하다	to doubt	24
의지	will	33
의지가 되다	to be dependable	161
이런저런	this and that	45
이미	already	109
이어지다	to continue	109
이해관계가 다르다	have different interests	72
이해력	comprehension	142
이해심	understanding	30
익명	anonymity	48
인공적	artificial	128
인내심	patience	30
인상을 주다	to make an impression	49
인식	awareness	108
인연이다	to be meant to be	152
인연이 되다	to be fate	152
인용하다	to quote	57
인정받다	to get recognition	158
인정하다	to acknowledge	24
인체	human body	109
일리가 있다	to have a point	77
일부분	part	108
일생	one's whole life	33
일제강점기	Japanese colonial era	129
일회용품을 사용하다	to use single-use items	104
일회용	single-use (disposable)	105
입마개	muzzle	122
입장이 다르다	be in different positions	72

ㅈ

자라다	to grow up	125
자료	material	41
자리를 맡다	to save a seat	60
자매	sister	125
자연스럽다	to be natural	46
자연으로 돌려보내다	to return to the wild	126
자연을 개발하다	to exploit nature	104
자원봉사자	volunteer	157
자원을 낭비하다	to waste material	104
자원을 재활용하다	to recycle resources	110
자제하다	to restrain	97
작은 고추가 맵다	a little goes a long way	56
잔소리하다	to nag	24
잔칫날	day of the party	61
잡채	Japchae	41
잦다	to be frequent	112
적당히 사용하다	to use moderately	94
적당히 쓰다	to spend moderately	94
적절하다	to be appropriate	46
전기	early period	129
전기력	electrical force	142
전기를 아끼다	to conserve electricity	110
전문의	specialist	125
전압	voltage	145
전염되다	to be contagious	33
절실하다	to be desperate	109
점점 멀어지다	to keep growing apart	152
정신	spirit	129
정전기	static	145
정직하다	to be honest	62
정책	policy	129

정치	politics	157
제한하다	to limit	78
조기 교육	early education	73
조선	Joseon	129
조심스럽다	to be cautious	46
존경받다	to be respected	158
존경심	admiration	30
존댓말	honorifics	88
존댓말을 잘못 사용하다	to use honorifics incorrectly	94
존재	existence	81
좋은 관계를 유지하다	to maintain a good relationship	46
주근깨	freckle	137
주변	surroundings	74
주요	major	111
주의를 끌다	to draw attention	122
줄임말	abbreviation	88
중요성	importance	61
지구	earth	111
지나가다	to pass	107
지시하다	to instruct	49
지역어(사투리)	standard language/local language (dialect)	88
지적하다	to point out	24
지정되다	to be designated	128
지혜	wisdom	31
직접적으로 부탁하다	to ask directly	40
직접적이다	to be direct	127
진열되다	to be displayed	28
진정으로	truly	128
질색이다	to hate	136
질색하다	to detest	136
집이 지저분해지다	house get messy	120

ㅊ

차갑다	to be cold	140
차별을 받다	to be discriminated	78
차별하다	to discriminate	78
처리되다	to be processed	110
처리하다	to process	110
처음 만난 게 엊그제 같다	it seems like yesterday when we first met	158
천재	genius	143
첫날	first day	161
청개구리 같다	to be like a disobedient frog	62
체인점	chain store	76
초대받다	to receive an invitation	158
초보	novice	59
초점을 맞추다	to focus on	29
최선	the utmost	32
추억이 담겨 있다	be filled with memories	158
추진되다	to push ahead	129
추천서	recommendation letter	44
출석률	attendance rate	73
출시	launch	112
취향	preference	138
친근한 느낌이 들다	to feel friendly	88

ㅋ

코를 골다	to snore	25
크림	cream	145
킬로미터	kilometer	128

ㅌ

타고나다	to be born with	139
태우다	to take	124
털	fur	124
토양 오염	soil pollution	104
톤	ton	113
통	counting unit for letters	33
통제하다	to control	81
특징	characteristic	63
티끌 모아 태산이다	light gains make heavy purse	56
티를 내다	to show off	122

ㅍ

파괴되다	to be destroyed	110
파괴하다	to destroy	110
파악하다	to identify	49
판단하다	to judge	29
판매대	stand	116
평가받다	to be evaluated	158
폐수를 버리다	to dump wastewater	104
표준어	standard language	88
표현력	expressiveness	142
표현이 풍부해지다	to be expressive	88
프로 선수	professional athlete	75
플라스틱	plastic	106
피해를 입다	to suffer damage	78
필기하다	to take notes	43
필요성	necessity	120
필터	filter	145
핑계를 대다	to make an excuse	40

ㅎ

하나도 안 변하다	to not change at all	152
하늘의 별 따기이다	to ask for the moon	56
한민족	Korean people	129
한반도	Korean Peninsula	129
한센병	leprosy	33
합치다	to combine	160
항의하다	to complain	72
해결되다	to be solved	110
해결하다	to solve	110
해결책을 찾다	to find a solution	72
해당되다	to be applicable	137
행운	luck	161
허용하다	to allow	129
헤매다	to wander	156
현상을 이해하다	to understand the phenomenon	142
형제	brother	125
형편	circumstance	77
호기심이 생기다	become curious	136
호랑이 같다	to be like a tiger	62
호랑이도 제 말 하면 온다	talk of the devil	56
호흡기	respirator	145
홀로	alone	128
화려하다	to be colorful	89
화물칸	cargo	124
확대	expansion	80
확대되다	to be expanded	110
확대하다	to expand	110
환경 오염이 심각하다	environmental pollution is serious	104
환경을 보호하다	to protect the environment	110
효도	filial piety	65
효율적이다	to be effective	75
후손	descendants	129
훈련시키다	to train	126
흘려보내다	to let it flow	113
흥미가 없다	be uninterested	136
흥미롭다	to be interesting	136
흰고래	white whale	128

집필진 Authors

장소원
Chang Sowon
- 서울대학교 국어국문학과 교수
  Seoul National University Professor at the Department of Korean Language & Literature
- 파리 5대학교 언어학 박사
  Ph.D. in Linguistics, University of Paris 5

이정덕
Lee Jeongdeok
- 서울대학교 언어교육원 대우전임강사
  Seoul National University LEI Full-time Instructor
- 이화여자대학교 한국학(한국어교육 전공) 박사
  Ph.D. in Korean Studies(Teaching Korean as a Foreign Language), Ewha Womans University

연준흠
Yeon Joonheum
- 서울대학교 언어교육원 대우전임강사
  Seoul National University LEI Full-time Instructor
- 연세대학교 한국어교육정보학 박사
  Ph.D. in Korean Language Education and Informatics, Yonsei University

장은정
Chang Eunjung
- 서울대학교 언어교육원 대우전임강사
  Seoul National University LEI Full-time Instructor
- 이화여자대학교 외국어교육특수대학원 한국어교육학 석사
  M.A. in TKSOL(Teaching Korean to Speakers of Other Languages), Ewha Womans University

번역 Translator

이수잔소명
Lee Susan Somyung
- 통번역가
  Translator & Interpreter
- 서울대학교 한국어교육학 석사
  M.A. in Korean Language Education as a Foreign Language, Seoul National University

번역 감수 Translation Supervisor

손성옥
Sohn Sung-Ock
- UCLA 아시아언어문화학과 교수
  UCLA Professor at the Department of Asian Languages & Cultures

감수 Supervisor

안경화
Ahn Kyunghwa
- 전 서울대학교 언어교육원 대우교수
  Former Seoul National University LEI Professor

자문 Consultants

한재영
Han Jae Young
- 한신대학교 명예교수
  Hanshin University Honorary Professor

최은규
Choi Eunkyu
- 전 서울대학교 언어교육원 대우교수
  Former Seoul National University LEI Professor

도와주신 분들 Contributing Staff

- 디자인 Design · (주)이츠북스 ITSBOOKS
- 삽화 Illustration · (주)예성크리에이티브 YESUNG Creative
- 녹음 Recording · 미디어리더 Media Leader

서울대 한국어⁺
Student's Book 4B

초판 1쇄 발행 2023년 6월 30일
초판 3쇄 발행 2024년 12월 20일

지은이	서울대학교 언어교육원
펴낸곳	서울대학교출판문화원
주소	08826 서울 관악구 관악로 1
도서주문	02-889-4424, 02-880-7995
홈페이지	www.snupress.com
페이스북	@snupress1947
인스타그램	@snupress
이메일	snubook@snu.ac.kr
출판등록	제15-3호

ISBN 978-89-521-3178-2 04710
     978-89-521-3116-4 (세트)

ⓒ 서울대학교 언어교육원 · 2023

이 책과 음원은 저작권법에 의해서 보호를 받는 저작물이므로
무단 전재와 복제를 금합니다.

Written by Language Education Institute, Seoul National University
Published by Seoul National University Press

Copyright ⓒ 2023 by Language Education Institute, Seoul National University

All rights reserved. No part of this publication may be reproduced in any form
without the written permission from publisher.

서울대 한국어⁺ Student's Book
문법과 표현 4B

서울대학교출판문화원

4B

단원	과	문법과 표현
10 태도와 평가	10-1. 태도	① 동형-을 게 뻔하다, 명일 게 뻔하다 ② 동-기(가) 무섭게
	10-2. 행동 평가	③ 명은커녕, 동형-기는커녕 ④ 명치고
11 대인 관계	11-1. 부탁과 거절	① 동형-거든 ② 동-는다기보다는, 형-다기보다는, 명이라기보다는
	11-2. 사회생활	③ 명대로, 동-는 대로 ④ 동형-으므로, 명이므로
12 옛날이야기의 교훈	12-1. 속담과 생활	① 동-는다더니, 형-다더니, 명이라더니 ② 설마 동형-겠어(요)?
	12-2. 옛날이야기	③ 동-는다는 것은 명으로 알 수 있다 형-다는 것은 명으로 알 수 있다 명이라는 것은 명으로 알 수 있다 ④ 동형-기 마련이다
13 논란거리	13-1. 사회 문제	① 동-는지 동-는지, 형-은지 형-은지 명인지 명인지 ② 동형-을지도 모르다, 명일지도 모르다
	13-2. 의견과 비판	③ 명과 달리 ④ 동-느니 (차라리)
14 언어와 생활	14-1. 다양한 언어 사용	① 동-는 데다가, 형-은 데다가, 명인 데다가 ② 동-기는 하는데, 형-기는 한데, 명이기는 한데
	14-2. 흥미로운 언어	③ 명에 비해(서) ④ 명이며 명이며

단원	과	문법과 표현
15 소중한 환경	15-1. 환경 문제와 원인	① 동-다가는 ② 동-는 사이(에)
	15-2. 환경 보호	③ 명으로 인해(서) ④ 동-을 것이/게 아니라
16 동물과 식물	16-1. 반려동물의 의미	① 동-어 대다 ② 동형-더라도
	16-2. 멸종과 보호	③ 명에 의해(서) ④ 명마저
17 과학과 생활	17-1. 일상생활 속 과학	① 동-고도 ② 명이 아니라, 동-는 게 아니라, 형-은 게 아니라 명인 게 아니라
	17-2. 과학 지식의 활용	③ 명뿐이다, 동형-을 뿐이다, 명일 뿐이다 ④ 동-는다는 명, 형-다는 명, 명이라는 명
18 잊지 못할 인연	18-1. 소중한 인연	① 동형-었더라면, 명이었더라면 ② 동형-기는(요)
	18-2. 추억	③ 동형-었었-, 명이었었- ④ 동-곤 하다

서울대 한국어⁺

❶ 동형-을 게 뻔하다, 명일 게 뻔하다

 내일도 비가 온다고 했으니까 야구 경기가….

가: 내일 야구 경기 보러 가기로 했잖아.
며칠째 비가 와서 경기가 안 열렸는데 내일도 취소될까 봐 걱정이네.
나: 일기예보에서 비가 온다고 했으니까 내일 경기도 **취소될 게 뻔해**.

▶ 어떤 근거에 의해 부정적인 행동이나 결과를 확신할 때 사용합니다.
These expressions are used when you are convinced of a negative behavior or its consequences based on certain facts.

예 가: 중간시험이 어려웠는데 기말시험도 어려울까요?
나: 주제도 어렵고 복잡한 내용이 많았으니까 이번 시험도 **어려울 게 뻔해요**.

가: 내일 나나 씨가 모임에 나올까요?
나: 나나 씨는 모임에 나오는 걸 안 좋아하니까 내일도 **안 올 게 뻔해요**.

동형-을 게 뻔하다	오다	→ 올 게 뻔하다
	재미없다	→ 재미없을 게 뻔하다
명일 게 뻔하다	백수	→ 백수일 게 뻔하다
	부정적	→ 부정적일 게 뻔하다
동형-었을 게 뻔하다	작다	→ 작았을 게 뻔하다
	울다	→ 울었을 게 뻔하다
	거짓말하다	→ 거짓말했을 게 뻔하다
명이었을 게 뻔하다	속임수	→ 속임수였을 게 뻔하다
	부정적	→ 부정적이었을 게 뻔하다

▶ 부정적인 행동이나 결과를 확신할 때 사용하기 때문에 긍정적인 내용과 어울리지 않습니다.
These expressions usually do not refer to positive outcomes, as they are used only when you are convinced of negative behavior or consequences.

예 가: 이번에도 소날 씨가 장학금을 받을 수 있을까요?
나: 소날 씨는 이번에도 성적이 좋으니까 장학금을 받을 게 뻔해요. (×)

가: 지난번에 본 면접은 어땠어요? 합격할 것 같아요?
나: 아니요. 질문에 제대로 대답도 못 해서 **떨어질 게 뻔해요**. (○)

❷ 동-기(가) 무섭게

가: 콘서트에 가고 싶다더니 콘서트 표는 예매했어?
나: 아니. 예매 시간에 맞춰서 준비하고 있었는데 예매가 **시작되기가 무섭게** 매진됐어.

▶ 어떤 일이 끝나자마자 다른 일이 일어나는 상황을 이야기할 때 사용합니다.
This expression is used in a situation when something happens as soon as a certain action is completed.

> 예 가: 진수 씨 어디 갔어요?
> 나: 수업이 **끝나기가 무섭게** 나가던데요.
>
> 가: 어제 시험 끝나고 잘 쉬었어요?
> 나: 네. 너무 피곤해서 집에 **들어가기가 무섭게** 침대에 쓰러져 잤어요.

▶ '-기(가) 무섭게' 뒤에는 동사만 사용합니다.
Only verbs may come after '-기(가) 무섭게.'

> 예 • 아침에 눈을 뜨기가 무섭게 우울하다. (×)
> • 아침에 **눈을 뜨기가 무섭게** 우울해졌다. (○)

▶ '-기(가) 무섭게'의 후행절에는 청유문, 명령문 등을 쓸 수 없습니다.
Propositive and imperative sentences may not be used as a clause for '-기(가) 무섭게.'

> 예 • 비행기에서 내리기가 무섭게 전화하세요. (×)
> • 비행기에서 내리기가 무섭게 전화할까요? (×)
> • 비행기에서 **내리기가 무섭게 전화했어요.** (○)

❸ 몡은커녕, 동형-기는커녕

요즘 회사에 일이 많아서 **휴가를 가기는커녕** 주말에도 쉴 수가 없다.

▶ 앞의 일은 당연히 불가능하거나 하기 어렵고, 그것보다 더 기본적이고 쉬운 뒤의 일도 할 수 없다는 것을 표현할 때 사용합니다. 동사나 형용사와 함께 쓸 때에는 '-기는커녕'으로 씁니다.
These expressions are used to express that the preceding action is obviously impossible to accomplish, as the following action, which is more simpler and more basic, could not be done either. When combined with a verb or adjective, '-기는커녕' is used.

예
- 갑자기 물이 안 나와서 **샤워는커녕** 세수도 못 했다.
- 생일인데 너무 바빠서 **미역국은커녕** 아침밥도 못 먹었다.
- 월급이 너무 적어서 돈을 **모으기는커녕** 생활비로 쓰기도 모자란다.
- 편한 신발이라고 해서 샀는데 **편하기는커녕** 걸을 수 없을 정도로 발이 아프다.

▶ 주로 부정적인 상황에서 많이 쓰이며 긍정적인 상황에서 쓰면 자연스럽지 않습니다.
These expressions are mainly used in negative situations and are unnatural in positive situations.

예 그 책이 재미있기는커녕 인기도 많다. (×)
그 책이 **재미있기는커녕** 읽을 수 없을 정도로 어렵다. (○)
(→ 그 책이 재미있지도 않고, 읽을 수도 없었다)

물은커녕 커피를 살 돈도 없다. (×)
커피는커녕 물을 살 돈도 없다. (○)
(→ 커피를 살 돈이 없고, 커피보다 싼 물을 살 돈도 당연히 없다)

❹ 명치고

언어를 배우는 사람치고 실수하지 않는 사람은 없다.

▶ 어떤 것이 모두 뒤의 성질이나 행동과 같다는 것을 표현할 때 사용합니다. 뒤에는 부정적인 표현이나 수사의문문이 옵니다.
This expression is used to express that some quality of nature or behavior is shared by everyone in the given group. In the following clause, a negative expression or rhetorical question is frequently used.

예
- **한국 사람치고** 라면을 안 먹어 본 사람은 없다.
  (→ 한국 사람들은 모두 라면을 먹어 보았다)
- **어린아이치고** 아이스크림을 싫어하는 아이는 없다.
  (→ 어린아이는 모두 아이스크림을 좋아한다)
- **손님이 많은 식당치고** 음식이 맛없는 식당은 없다.
  (→ 손님이 많은 식당은 모두 음식이 맛있다)
- **바닷가에 사는 사람치고** 수영을 못 하는 사람이 있겠어요?
  (→ 바닷가에 사는 사람은 모두 수영을 할 수 있다)

▶ '치고'와 함께 쓴 명사와 다르게 어떤 것은 예외적임을 표현할 때도 사용합니다.
It is also used to express that something is exceptional, unlike '치고.'

예
- 나나는 **외국인치고** 한국어 발음이 자연스럽다.
  (→ 외국인들은 대부분 한국어 발음이 자연스럽지 않지만, 나나는 다른 외국인과 다르게 한국어 발음이 자연스럽다)
- 민수는 **한국 사람치고** 매운 음식을 잘 못 먹는 편이다.
  (→ 한국 사람들은 모두 매운 음식을 잘 먹지만, 민수는 다른 한국 사람들과 다르게 매운 음식을 잘 못 먹는다)

❸ 명 은커녕, 동 형 -기는커녕

요즘 회사에 일이 많아서 **휴가를 가기는커녕** 주말에도 쉴 수가 없다.

▶ 앞의 일은 당연히 불가능하거나 하기 어렵고, 그것보다 더 기본적이고 쉬운 뒤의 일도 할 수 없다는 것을 표현할 때 사용합니다. 동사나 형용사와 함께 쓸 때에는 '-기는커녕'으로 씁니다.
These expressions are used to express that the preceding action is obviously impossible to accomplish, as the following action, which is more simpler and more basic, could not be done either. When combined with a verb or adjective, '-기는커녕' is used.

예
- 갑자기 물이 안 나와서 **샤워는커녕** 세수도 못 했다.
- 생일인데 너무 바빠서 **미역국은커녕** 아침밥도 못 먹었다.
- 월급이 너무 적어서 돈을 **모으기는커녕** 생활비로 쓰기도 모자란다.
- 편한 신발이라고 해서 샀는데 **편하기는커녕** 걸을 수 없을 정도로 발이 아프다.

▶ 주로 부정적인 상황에서 많이 쓰이며 긍정적인 상황에서 쓰면 자연스럽지 않습니다.
These expressions are mainly used in negative situations and are unnatural in positive situations.

예 그 책이 재미있기는커녕 인기도 많다. (×)
그 책이 **재미있기는커녕** 읽을 수 없을 정도로 어렵다. (○)
(→ 그 책이 재미있지도 않고, 읽을 수도 없었다)

물은커녕 커피를 살 돈도 없다. (×)
커피는커녕 물을 살 돈도 없다. (○)
(→ 커피를 살 돈이 없고, 커피보다 싼 물을 살 돈도 당연히 없다)

❹ 몡치고

언어를 배우는 사람치고 실수하지 않는 사람은 없다.

▶ 어떤 것이 모두 뒤의 성질이나 행동과 같다는 것을 표현할 때 사용합니다. 뒤에는 부정적인 표현이나 수사 의문문이 옵니다.
This expression is used to express that some quality of nature or behavior is shared by everyone in the given group. In the following clause, a negative expression or rhetorical question is frequently used.

예
- **한국 사람치고** 라면을 안 먹어 본 사람은 없다.
  (→ 한국 사람들은 모두 라면을 먹어 보았다)

- **어린아이치고** 아이스크림을 싫어하는 아이는 없다.
  (→ 어린아이는 모두 아이스크림을 좋아한다)

- **손님이 많은 식당치고** 음식이 맛없는 식당은 없다.
  (→ 손님이 많은 식당은 모두 음식이 맛있다)

- **바닷가에 사는 사람치고** 수영을 못 하는 사람이 있겠어요?
  (→ 바닷가에 사는 사람은 모두 수영을 할 수 있다)

▶ '치고'와 함께 쓴 명사와 다르게 어떤 것은 예외적임을 표현할 때도 사용합니다.
It is also used to express that something is exceptional, unlike '치고.'

예
- 나나는 **외국인치고** 한국어 발음이 자연스럽다.
  (→ 외국인들은 대부분 한국어 발음이 자연스럽지 않지만, 나나는 다른 외국인과 다르게 한국어 발음이 자연스럽다)

- 민수는 **한국 사람치고** 매운 음식을 잘 못 먹는 편이다.
  (→ 한국 사람들은 모두 매운 음식을 잘 먹지만, 민수는 다른 한국 사람들과 다르게 매운 음식을 잘 못 먹는다)

11단원

❶ 동형-거든

소날 씨에게 전화 좀 해.

가: 요즘 자말 씨하고 연락이 잘 안 돼요.
나: 저 이따가 자말 씨를 만나기로 했어요.
가: 그래요? 자말 씨를 **만나거든** 저한테 전화하라고 전해 주세요.

▶ '어떤 일이 사실이거나 실제로 일어나면'의 의미를 표현할 때 사용합니다. 주로 명령이나 부탁, 제안, 조언을 나타내는 '동-으세요', '동-을까요?', '동-는 게 어때요?'와 함께 씁니다.
This expression is used to indicate the meaning of 'if something is true or were to actually happen.' has the conditional meaning 'if something is true or were to actually happen.' '-거든' is mainly used with utterance-final markers such as '동-으세요,' '동-을까요?', '동-는 게 어때요?' which indicates a command, request, suggestion, or advice.

> 예 가: 엄마, 저 다녀올게요. 저 없는 동안 건강 조심하세요.
> 나: 그래. 공항에 **도착하거든** 전화해.
>
> 가: 어제부터 머리가 너무 아파요.
> 나: 약 먹고 좀 쉬세요. 그래도 계속 **아프거든** 병원에 가 보는 게 어때요?

▶ 윗사람이나 친하지 않은 사람에게 사용하면 예의가 없다는 인상을 줄 수 있습니다. 친구나 아랫사람에게 부탁하거나 요청할 때 사용하는 것이 좋습니다.
If used on someone who is older, senior in status or position, or someone you are not close with, the use of '-거든' may give the impression of being rude. As such, it is recommended that you use this expression to ask a favor or make a request to a friend or someone younger than you.

> 예 • 김 대리, **시간이 있거든** 거래처에 보낼 서류 좀 정리해 줘요. (○)
> • 부장님, 시간이 있으시거든 이 보고서 좀 검토해 주십시오. (?)

❷ 동-는다기보다는, 형-다기보다는, 명이라기보다는

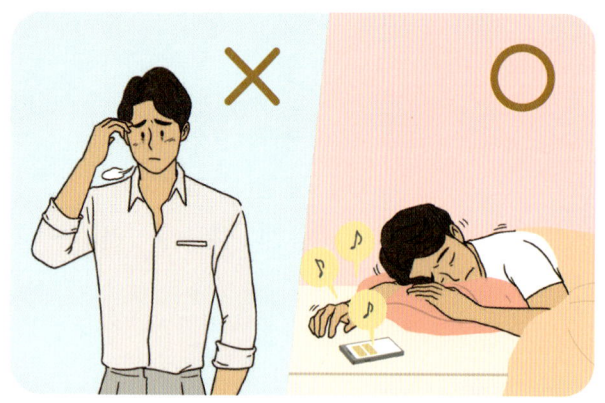

가: 너 왜 이렇게 얼굴이 안 좋아? 어디 아파?
나: 아니. **아프다기보다는** 어제 잠을 잘 못 자서 좀 피곤해.

▶ 어떤 상황에 대해서 설명할 때 해당 표현의 앞에 나오는 행동이나 상태보다 그 뒤에 오는 행동이나 상태가 더 정확한 설명이라고 생각할 때 사용합니다.
These expressions are used to express that the action or state that follows '-다기보다는' is a more accurate description than what is presented.

예 가: 저 두 사람은 저렇게 자주 싸우는 걸 보니 정말 성격이 안 맞는 것 같아요.
　　나: 성격이 **안 맞는다기보다는** 서로에게 양보하려는 마음이 없는 것 같아요.

　　가: 나나 씨는 정말 기억력이 나쁜 것 같아요. 매번 하는 일인데도 꼭 다시 확인해요.
　　나: 기억력이 **나쁘다기보다는** 꼼꼼한 거 아닐까요? 그러니까 실수를 안 하죠.

동-는다기보다는	오다	→ 온다기보다는
	먹다	→ 먹는다기보다는
형-다기보다는	아프다	→ 아프다기보다는
	없다	→ 없다기보다는
명이라기보다는	친구	→ 친구라기보다는
	사랑	→ 사랑이라기보다는
동형-었다기보다는	보다	→ 봤다기보다는
	적다	→ 적었다기보다는
	따뜻하다	→ 따뜻했다기보다는
명이었다기보다는	친구	→ 친구였다기보다는
	부정적	→ 부정적이었다기보다는

▶ **앞뒤에 반대 의미의 말이 올 수 없습니다.**
The opposite meaning cannot come before or after the expression.

예 가: 어제 시험은 어땠어요? 어려웠어요?
나: 그 시험이 어려웠다기보다는 쉬웠어요. (×)

가: 어제 시험은 어땠어요? 어려웠어요?
나: **어려웠다기보다는** 문제가 많아서 시간이 부족했어요. (○)

❸ 명대로, 동-는 대로

화면을 보고 선생님이 **하는 대로** 따라 하면 누구나 쉽게 집에서 요가를 배울 수 있습니다.

▶ 앞의 행동이나 상태와 똑같이 한다는 것을 나타낼 때 사용합니다. 동사와 함께 쓸 때에는 '-는 대로'로 씁니다. 이미 완료된 상황에 대해서 이야기할 때는 '동-은 대로'의 형태로 사용합니다.
These expressions are used to indicate that you will do the same thing as the preceding action or state. When combined with a verb, '-는 대로' is used. It is used in form of '동-은 대로' when the situation is completed.

예
- 올해 여러 가지 계획을 세웠지만 **계획대로** 되지 않았다.
- 부모님은 경험이 많으시니까 부모님이 **말씀하시는 대로** 해서 나쁠 것이 없다.
- 다이어트에 성공한 연예인들이 **먹는 대로** 따라 먹으면 영양이 부족해질 것이다.
- 갑자기 컴퓨터가 꺼져서 설명서에 **나온 대로** 해 봤는데 전원이 안 켜진다.

▶ 간접 화법의 명령형인 '동-으라고 하다'와 같이 사용해서 '동-으라는 대로'의 형태로 사용할 수 있습니다.
They are used with the imperative of the indirect speech '동-으라고 하다' and are used in the form as '동-으라는 대로.'

예
- 무조건 남이 **하라는 대로** 하지 말고 어떻게 하면 좋을지 스스로 생각해 보세요.

▶ '동-는 대로' 앞에는 부정 표현을 쓸 수 없습니다.
Negative expressions cannot be used before '동-는 대로.'

예
- 민수가 하지 않는 대로 나도 따라서 안 했다. (×)
- 민수가 **하는 대로** 나도 했다. (○)

❹ 동형-으므로, 명이므로

돼지고기를 충분히 익혀 먹지 않으면 **배탈이 날 수 있으므로** 요리할 때 주의해야 한다.

▶ 앞 내용이 뒤 내용에 이유나 근거임을 나타낼 때 사용합니다.
These expressions are used to indicate that the information in the preceding statement is the reason or grounds for the following statement.

예
- 편의점은 24시간 **운영되므로** 이용하기에 편리하다.
- 겨울이 되면 날씨가 **건조해지므로** 산불이 나지 않도록 주의해야 한다.
- 비타민 섭취는 감기 예방에 **효과적이므로** 과일과 채소를 자주 먹어야 한다.
- 여름 낮에는 햇볕이 **강하므로** 어린이나 노인은 외출을 하지 않는 것이 좋다.

동형-으므로	오다	→ 오므로
	재미있다	→ 재미있으므로
명이므로	사고	→ 사고이므로
	부정적	→ 부정적이므로
동형-었으므로	보다	→ 봤으므로
	걸리다	→ 걸렸으므로
	필요하다	→ 필요했으므로
명이었으므로	친구	→ 친구였으므로
	학생	→ 학생이었으므로

▶ 주로 글을 쓸 때 사용하며 격식적인 상황에서 사용할 수 있습니다.
These expressions are mainly used for writing and can be used in formal situations.

예
- 저는 오늘 바쁘므로 모임에 참석할 수 없어요. (×)
- 비행기가 곧 이륙할 **예정이므로** 서둘러 탑승해 주시기 바랍니다. (○)

12단원

❶ 동-는다더니, 형-다더니, 명이라더니

가: 9시까지 **온다더니** 자고 있으면 어떡해요?
나: 미안해요. 깜박 잠이 들었어요.

▶ 들은 사실이 실제 상황과 다르거나 같다는 것을 표현할 때 사용합니다.
These expressions are used to express that a fact differs from or is the same as the actual situation.

예 (일기 예보에서 비가 많이 온다는 것을 들었다)
가: 오늘 비가 많이 **온다더니** 아침부터 계속 비가 오네요.
나: 그러게요. 밖에 나가기 힘들 정도로 비가 많이 오네요.

(친구한테 딸기값이 비싸다는 이야기를 들었다)
가: 딸기가 **비싸다더니** 생각보다 안 비싼데요.
나: 딸기 가격이 내렸나 봐요.

동-는다더니	오다	→ 온다더니
	먹다	→ 먹는다더니
형-다더니	비싸다	→ 비싸다더니
	없다	→ 없다더니
명이라더니	친구	→ 친구라더니
	학생	→ 학생이라더니
동형-었다더니	보다	→ 봤다더니
	적다	→ 적었다더니
	공부하다	→ 공부했다더니
명이었다더니	친구	→ 친구였다더니
	학생	→ 학생이었다더니
동형-을 거라더니	하다	→ 할 거라더니
	소용없다	→ 소용없을 거라더니

▶ 속담이나 관용어처럼 잘 알려진 표현을 쓰면서 그 말이 경험한 것과 비슷하거나 다름을 나타낼 때도 사용할 수 있습니다.
Using a well-known expression such as a proverb or idiom, you can also use these expressions to indicate similarities or differences.

> **예** 가: 취직 준비는 잘 돼 가?
> 나: 요즘 취직하는 건 **하늘의 별 따기라더니** 정말 일자리 찾기가 어려워요.

❷ 설마 동형-겠어(요)?

가: 오후에 친구들하고 축구하기로 했는데 비가 오지는 않겠지?
나: 하늘이 이렇게 맑은데 **설마 비가 오겠어?**

▶ 그럴 가능성이 없다는 뜻으로 예측을 강조할 때 사용합니다.
This expression means 'not likely,' and it is used to emphasize a prediction.

> 예 가: 내일 기온이 영하로 떨어진대.
> 나: 지금 4월인데 **설마 그렇게 춥겠어?**
>
> 가: 이 드라마에서 고등학생 역할을 맡은 배우가 올해 서른 살이래요.
> 나: 말도 안 돼요. 저렇게 어려 보이는데 **설마 서른 살이겠어요?**

▶ '설마 -을 리가 있겠어(요)?'의 형태로도 사용합니다.
It can also be used in the form of '설마 -을 리가 있겠어(요)?'

> 예 가: 일기 예보에서 내일 눈이 온대요.
> 나: 잘못 들은 거 아니에요? 지금 8월인데 **설마 눈이 올 리가 있겠어요?**

▶ 화자가 생각하는 상황이 아직 끝나지 않았을 거라고 이야기할 때는 '설마 -었겠어(요)?'의 형태로 사용합니다.
When predicting that something the speaker is thinking has not been completed, it is used in the form of '설마 -었겠어(요)?'

> 예 가: 나나는 점심 먹었을까? 같이 먹으려고 했는데 전화를 안 받네.
> 나: 그럼 다시 연락해 봐. 나나가 10분 전쯤 식당에 가는 걸 봤거든. **설마 벌써 밥을 다 먹었겠어?**

❸ 동-는다는 것은 명으로 알 수 있다, 형-다는 것은 명으로 알 수 있다
명이라는 것은 명으로 알 수 있다

테오 씨의 **강아지가 순하다는 것은** 낯선 사람을 봐도 잘 **짖지 않는 것으로 알 수 있다.**

▶ 앞에 제시된 사실에 대한 근거나 이유를 자세히 설명할 때 사용합니다.
These expressions are used to elaborate on the grounds or reasons for the facts presented prior.

예
- 소날의 작문 실력이 **좋다는 것은** 그가 쓴 **글로 알 수 있다.**
- 한국 화장품이 인기가 **많다는 것은** 화장품 **수출량으로 알 수 있다.**
- 봄이 **시작되었다는 것은** 여기저기에 꽃이 **피는 것으로 알 수 있다.**
- 설날이 한국 사람들에게 중요한 **명절이라는 것은** 대부분의 사람들이 설날에 고향에 **가는 것으로 알 수 있다.**

동-는다는 것은 명으로 알 수 있다	좋아하다	→ 좋아한다는 것은
	입다	→ 입는다는 것은
형-다는 것은 명으로 알 수 있다	중요하다	→ 중요하다는 것은
	맛있다	→ 맛있다는 것은
명이라는 것은 명으로 알 수 있다	친구	→ 친구라는 것은
	시험 기간	→ 시험 기간이라는 것은
동 형-었다는 것은 명으로 알 수 있다	끝나다	→ 끝났다는 것은
	울다	→ 울었다는 것은
	따뜻하다	→ 따뜻했다는 것은
명이었다는 것은 명으로 알 수 있다	부부	→ 부부였다는 것은
	부정적	→ 부정적이었다는 것은

▶ 표현의 앞, 뒤를 바꾸어 '명으로 -는다는 것을 알 수 있다'처럼 사용할 수도 있습니다.
You can also change the front and back of the expression and use it like '명으로 -는다는 것을 알 수 있다.'

예
- 그 영화가 **재미있다는 것은** 관객 수로 알 수 있다.
  = 관객 수로 그 영화가 **재미있다는 것을** 알 수 있다.

❹ 동형-기 마련이다

일을 급하게 하다 보면 **실수가 생기기 마련이다.**

▶ 그렇게 되는 것이 일반적인 결과이고 당연한 현상임을 표현할 때 사용합니다.
This expression is used to indicate that it is a common result and a natural phenomenon.

예
- 겨울이 오면 날씨가 **추워지기 마련이다.**
- 외국어를 말하다 보면 **실수를 하기 마련이다.**
- 사람은 나이가 들면 **기억력이 떨어지기 마련이다.**
- 아무리 사이가 좋아도 오래 같이 있으면 **싸우기 마련이다.**

▶ '-게 마련이다'와 바꿔 쓸 수 있습니다.
This expression can be interchangeably used with '-게 마련이다.'

예
- 좋은 일이 있으면 안 좋은 일도 **있기 마련이다.**
  = 좋은 일이 있으면 안 좋은 일도 **있게 마련이다.**

▶ 일반적인 현상을 나타내므로 일시적인 일의 원인과 결과를 나타내는 문장에 쓰면 어색합니다.
Because this expression represents a common phenomenon, it is awkward to use it in a sentence that indicates the cause and effect of a temporary event.

예
- 어젯밤에 잠을 못 잤으니까 피곤하기 마련이다. (×)
- 잠을 못 자면 **피곤하기 마련이다.** (○)

❶ 동-는지 동-는지, 형-은지 형-은지, 명인지 명인지

커피는 건강에 좋다.

커피는 건강에 나쁘다.

가: 커피가 건강에 **좋은지 안 좋은지** 논란이 되고 있어요.
나: 저는 하루 한두 잔 정도는 괜찮은 것 같아요.

▶ 둘 중 어느 것이 옳은지 논의하거나 어떤 사실을 확인할 때 사용합니다.
These expressions are used to discuss which of the two is correct or to confirm a fact.

예 가: 어제 시사 토론의 주제가 뭐였어?
    나: 온천을 **개발해야 하는지 하지 말아야 하는지**에 대한 토론이었어.

    가: 뭘 도와 드릴까요?
    나: 이번 주말에 한국으로 가는 비행기표가 **있는지 없는지** 알아보고 싶습니다.

▶ '논의하다, 논란이 되다, 토론하다', '알고 싶다, 궁금하다, 모르겠다, 알아보다, 확인하다, 이야기하다, 물어보다' 등의 표현이 뒤에 주로 옵니다.
Expressions such as '논의하다, 논란이 되다, 토론하다,' '알고 싶다, 궁금하다, 모르겠다, 알아보다, 확인하다, 이야기하다, 물어보다' mainly follow.

동-는지 있다, 없다	오다	→ 오는지
	있다	→ 있는지
형-은지	아프다	→ 아픈지
	작다	→ 작은지
명인지	효과적	→ 효과적인지
동형-었는지	보다	→ 봤는지
	적다	→ 적었는지
	숙제하다	→ 숙제했는지
명이었는지	부부	→ 부부였는지
	부정적	→ 부정적이었는지
동형-을지	오다	→ 올지
	작다	→ 작을지

▶ 의문사와 같이 쓰일 때는 상반되는 두 가지를 반복해서 쓰지 않고 한 가지만 씁니다.
When used with an interrogative, two things contrary to each other are not used repeatedly, but only one thing is used.

예 • **어디에 발전소를 지어야 하는지** 논란이 되고 있습니다.

❷ 동형-을지도 모르다, 명일지도 모르다

가: 나나 씨가 오전 내내 전화를 안 받네요.
무슨 일이 생긴 걸까요?

나: 아직 **자고 있을지도 몰라요.**
어제 밤늦게 저한테 메시지를 보냈더라고요.

▶ 확실하지는 않지만 그럴 가능성이 있다는 것을 말할 때 사용합니다.
These expressions are used to talk about something that may not be certain but is likely.

예 가: 지금 비도 안 오는데 왜 우산을 들고 나가요?
나: 장마철이니까 **비가 올지도 모르잖아요.**

가: 준비 끝나려면 멀었어? 지금 안 나가면 **늦을지도 몰라.**
나: 거의 다 됐어. 옷만 입으면 되니까 잠깐만 기다려.

동형-을지도 모르다	오다	→ 올지도 모르다
	늦다	→ 늦을지도 모르다
명일지도 모르다	휴가	→ 휴가일지도 모르다
	한국 사람	→ 한국 사람일지도 모르다
동형-었을지도 모르다	고장 나다	→ 고장 났을지도 모르다
	적다	→ 적었을지도 모르다
	복잡하다	→ 복잡했을지도 모르다
명이었을지도 모르다	친구	→ 친구였을지도 모르다
	부정적	→ 부정적이었을지도 모르다

❸ 명과 달리

모든 일에 적극적인 **언니와 달리** 나는 차분하고 소극적인 편이다.

▶ 두 가지 상황이나 조건이 다르다는 것을 표현할 때 사용합니다.
This expression is used to express that two situations or conditions are different.

예
- 오늘은 **평소와 달리** 피곤하고 기운이 없다.
- **과거와 달리** 요즘에는 텔레비전을 시청하는 사람이 줄었다.
- 우리 고향은 **다른 지역과 달리** 전통 가옥이 많이 남아 있다.
- **지난 시험과 달리** 이번 시험은 문제가 어렵지 않아서 학생들이 시험을 잘 봤다.

▶ 기대한 것, 소문 등과 실제로 확인한 것이 다름을 나타낼 때도 사용할 수 있습니다.
It can also be used to indicate that expectations and rumors are different from what you have actually confirmed.

예
- **예상과 달리** 낮 기온이 많이 오르지 않았다.
- 이번에 새로 출시된 상품은 **기대와 달리** 인기를 끌지 못했다.

❹ 동-느니 (차라리)

이렇게 **매운 음식을 먹느니 차라리** 아무것도 안 먹겠다.

▶ 두 가지가 모두 마음에 들지 않지만 앞의 상황이나 조건보다 뒤의 것이 상대적으로 나음을 나타낼 때 사용합니다. '차라리'를 생략해서 사용하기도 합니다. 문장 뒤에는 '동-겠다, 동-는 게 낫다, 동-는 게 낫겠다/좋겠다'와 같이 앞으로의 일에 대해 씁니다.

This expression is used to indicate when you do not like either option but that the contents of the second clause are relatively better than those of the preceding situation or condition. It can be used without '차라리.' Expressions like '동-겠다, 동-는 게 낫다, 동-는 게 낫겠다/좋겠다' in the following sentence indicate what you will do next.

- 여러 사람이 같이 앉는 의자에 **불편하게 앉느니** 차라리 서 있는 게 낫겠다.
- 집안일 중에서 청소를 제일 못한다. **청소를 하느니** 차라리 설거지를 하겠다.
- 주변이 시끄러운 곳에 **사느니 차라리** 회사에서 멀지만 조용한 곳에서 사는 게 좋겠다.
- 출퇴근 시간에는 길이 많이 막힌다. 가까운 거리라면 **버스를 타느니** 차라리 걸어가는 게 낫다고 생각한다.

❶ 동-는 데다가, 형-은 데다가, 명인 데다가

가: 다니엘 씨는 인기가 많은 것 같아요.
나: 네. 노래도 **잘하는 데다가** 춤도 잘 춰서 친구들이 좋아해요.

▶ 앞의 상황이나 행동에 다른 행동이나 상태가 더해지는 것을 나타낼 때 사용합니다. 뒤에 오는 명사에는 조사 '도'를 쓰는 것이 자연스럽습니다.
These expressions are used to indicate when another action or state is added to the preceding situation or action. It is natural to use the particle '도' after the noun that follows the expression.

예 가: 이사했다면서요? 새로 이사한 집이 어때요?
나: 전에 살던 집보다 **넓은 데다가** 조용해서 마음에 들어요.

가: 이제 한국어를 잘하는 것 같아요.
나: 아직도 멀었어요. 일상적인 이야기가 아니면 **잘 못 알아듣는 데다가** 한자어도 많아서 배우면 배울수록 더 어려워지는 것 같아요.

동-는 데다가 있다, 없다	잘하다	→ 잘하는 데다가
	먹다	→ 먹는 데다가
	있다	→ 있는 데다가
형-은 데다가	아프다	→ 아픈 데다가
	작다	→ 작은 데다가
명인 데다가	친구	→ 친구인 데다가
	긍정적	→ 긍정적인 데다가
동-은 데다가	보다	→ 본 데다가
	읽다	→ 읽은 데다가

▶ 앞 절과 뒤 절의 주어가 같아야 하고 내용도 비슷한 성질이어야 합니다.
The subjects of the preceding and following clauses have to be the same but also have similar content.

예 • 내 친구는 성격이 좋은 데다가 공부도 못해요. (×)
• 내 친구는 **성격이 좋은 데다가** 공부도 잘해요. (○)

❷ 동-기는 하는데, 형-기는 한데, 명이기는 한데

빵 맛도 이상해….

가: 나나 씨는 외국에 가면 음식을 잘 못 먹어서 항상 고생하잖아요. 여행 간다고 하니까 걱정이네요.
나: 다른 나라에 가면 음식이 입에 안 맞아서 **잘 못 먹기는 하는데** 그래도 가끔 맛있는 게 있더라고요. 너무 걱정하지 마세요.

▶ 앞의 상황이나 주장을 인정하면서 그것과 관계된 다른 의견이나 생각을 말할 때 사용합니다.
These expressions are used to acknowledge the preceding situation or argument and express some contrasting opinions or ideas.

예 가: 날씨가 따뜻해서 정말 좋다. 이 정도면 반팔 옷을 입어도 되겠는데?
나: 낮에는 **따뜻하기는 한데** 아침, 저녁에는 쌀쌀하잖아. 반팔만 입으면 감기에 걸릴 수도 있어.

가: 네 친구는 처음 만난 사람하고도 잘 어울리고 사교적인 것 같아. 이번 축제 때 사회를 맡기면 어떨까?
나: **사교적이기는 한데** 사람들이 너무 많이 있을 때는 잘 나서지 않아.

▶ 이미 완료된 상황에 대해서 이야기할 때는 '-기는 했는데'라고 말합니다.
When talking about a situation that has already been completed, you need to say '-기는 했는데.'

예 가: 이번에 본 토픽 시험이 많이 어려웠어?
나: 응. 좀 **어렵기는 했는데** 그래도 시간 안에 다 풀었어.

가: 여행 가려고 아르바이트한다더니 돈은 많이 모았어?
나: 응. 여행 갈 돈을 **마련하기는 했는데** 휴대폰이 고장 나서 휴대폰을 먼저 사야 할 것 같아.

❸ 몡에 비해(서)

안나와 나는 1년 전부터 한국어를 배우기 시작했는데 안나가 **나에 비해** 한국어가 유창하다.

▶ 주어에 대해 설명하면서 비교가 되는 기준을 제시할 때 사용합니다.
This expression is used when explaining the subject and presenting a standard for comparison.

> 예
> - 제주도는 **서울에 비해서** 겨울 날씨가 따뜻하다.
> - 한국 사람은 **일본 사람에 비해** 매운 음식을 더 자주 먹는다.
> - 민수는 **키에 비해** 발이 작은 편이다.
> - 그 아이는 **나이에 비해** 어른스럽다는 말을 자주 듣는다.

▶ 두 가지 대상을 비교할 때는 '보다'로 바꿔 쓸 수 있으나 비교 기준을 두고 한 대상을 설명할 때는 '보다'로 바꿔 쓸 수 없습니다.
It can be interchangeably used with the expression '보다' when comparing two things. However, it cannot be replaced with '보다' when describing something based on a comparison criterion.

> 예
> - 민수는 **키에 비해** 발이 작은 편이다.
>   ≠ 민수는 키보다 발이 작은 편이다.
>
> - 제주도는 **서울에 비해서** 겨울 날씨가 따뜻하다.
>   = 제주도는 서울보다 겨울 날씨가 따뜻하다.

▶ 큰 의미 차이 없이 '몡에 비하면'으로 바꿔 쓸 수 있습니다.
Without much of a difference in meaning, you can interchangeably use it with '몡에 비하면.'

> 예
> - 제주도는 **서울에 비해서** 겨울 날씨가 따뜻하다.
>   = 제주도는 **서울에 비하면** 겨울 날씨가 따뜻하다.

❹ 명이며 명이며

친구, 대학원…

선생님을 만나서 **대인 관계며 대학원 진학이며** 다양한 고민거리에 대해 상담했다.

▶ 여러 가지 것을 같은 자격으로 이어 주거나 나열할 때 사용합니다.
This expression is used to connect or list several things with the same qualifications.

예
- 우리 형제는 **코며 눈이며** 서로 닮은 데가 많다.
- 그 영화는 인기가 많아서 **아이며 어른이며** 안 본 사람이 없을 정도이다.
- 친구들이 집에 온다고 해서 **과자며 과일이며** 먹을 것을 많이 준비해 놓았다.
- 오랜만에 집에 갔더니 어머니가 **잡채며 갈비며** 맛있는 음식을 잔뜩 해 주셨다.

▶ 마지막으로 나열되는 것에는 다른 조사를 쓰거나 '이며'를 생략할 수 있습니다.
For the last listed item, you can use a different particle or omit '이며.'

예
- 가방을 떨어뜨려서 안에 있던 **화장품이며 책 같은** 물건이 다 쏟아졌다.
- 이번 프로젝트를 준비하는 데에 **동료며 후배들이** 많은 도움을 주었습니다.

15단원

❶ 동-다가는

가: 어제도 밤새 게임을 했더니 너무 졸려요.
나: 또 밤을 새웠어요? 그렇게 잠을 안 자고 계속 **게임을 하다가는** 건강이 나빠질 거예요.

▶ 어떤 행동을 지속하거나 반복해서 하면 안 좋은 상황이 생길 수 있음을 나타낼 때 사용합니다.
This expression is used to indicate when there is a possibility that a bad situation could occur if an action is continued or repeated.

예 가: 어제 친구 만나러 시내에 갔는데 가방이 너무 예뻐서 하나 샀어요.
나: 이틀 전에도 가방을 사더니, 또 샀어요? 그렇게 돈을 많이 **쓰다가는** 생활비가 모자라게 될 수도 있어요.

가: 우리 수업 끝나고 매운 떡볶이 먹으러 가자.
나: 너 매운 음식 너무 자주 먹는 거 아니야? 그렇게 매일 매운 음식을 **먹다가는** 위염이 생길 거야.

▶ 후행절에는 '-을 수 있다', '-을 것이다', '-을지도 모르다', '-을 게 뻔하다'와 같이 미래 상황을 예상하는 표현이 옵니다.
It is followed by the expressions that predict the future situation, such as '-을 수 있다,' '-을 것이다,' '-을지도 모르다,' '-을 게 뻔하다.'

TIPS

동-다가는	동-다(가) 보면 (4A 1단원)
뒤 절에 안 좋은 상황이 이어질 때만 사용합니다. It can only be used when a bad situation continues in the following clause. 예 • 매일 10시간씩 **연습하다가는** 쓰러질 거예요. (○) • 매일 10시간씩 **연습하다가는** 잘하게 될 거예요. (?)	뒤 절에 좋은 상황이나 안 좋은 상황이 모두 이어질 수 있습니다. It can be used for both good and bad situations, which continue in the following clause. 예 • 매일 10시간씩 **연습하다 보면** 금방 실력이 늘 거예요. (○) • 매일 10시간씩 **연습하다 보면** 쓰러질 거예요. (○)

❷ 동-는 사이(에)

가: 못 보던 옷이네. 새로 샀어?
나: 언니 옷이야. 언니가 **목욕하는 사이에** 입고 나왔어.

▶ 앞의 일이 진행되는 동안 다른 사건이 진행되는 것을 표현할 때 사용합니다.
This expression is used to express the progress of another event while the preceding event is still taking place.

예 가: 왜 이렇게 늦었어요? 무슨 일 있었어요?
나: 미안해요. 잠깐 **휴대폰을 보는 사이에** 버스가 지나가 버렸어요.

가: 아이가 저하고 떨어지지 않으려고 해서 밥도 못 먹어요.
나: 그래서 저는 **아이가 자는 사이에** 밥도 먹고 집안일도 해요.

▶ 자기 자신이 인식하지 못한 일에 대해서 '나도 모르는 사이에'로 표현하기도 합니다.
For something that is happening unknowingly, you can also use the expression '나도 모르는 사이에.'

예 가: 에릭 씨, 전에는 매운 음식을 잘 못 먹더니 이제 잘 먹네요.
나: 나도 **모르는 사이에** 매운 음식을 잘 먹게 되었어요.

▶ 이미 완료된 상황에 대해서 이야기할 때는 '동-은 사이에'를 씁니다.
If the subject's action in the preceding sentence has been completed, use '동-은 사이에.'

예 가: 가족들이 모두 **외출한 사이에** 집에 도둑이 들었어요.
나: 그래요? 혹시 없어진 물건이 있어요?

❸ 명으로 인해(서)

야구 경기가 취소….

폭우로 인해 오늘 야구 경기는 취소되었습니다.

▶ 앞에 오는 말이 뒤에 오는 일에 대한 원인이나 이유가 됨을 나타낼 때 사용합니다.
This expression is used to indicate when the preceding event is the cause or reason for the following event.

예
- 공장에서 나온 **폐수로 인해** 강과 바다가 오염되었다.
- 여러 나라에서 온 사람들이 함께 지내다 보면 **문화 차이로 인해** 여러 문제가 발생하게 된다.
- 일이 적성에 안 맞아서 일을 그만두기도 하지만 **회사 사정으로 인해** 회사를 옮기는 경우도 있다.
- 땅이 오염되면 그 오염 물질이 지하수로 흘러 들어가서 지하수도 오염된다. **지하수 오염으로 인해** 그 지하수를 이용하는 사람들이 병에 걸릴 수도 있다.

▶ '명으로 인한 명'의 형태로도 사용할 수 있습니다.
It can also be used in the form of '명으로 인한 명.'

예
- 자동차 이용이 증가하면서 **교통사고로 인한 사망자도** 크게 늘었다.
- 최근 몇 년간 황사가 심해졌다. **황사로 인한 농작물 피해도** 늘어나고 있다.

❹ 동-을 것이/게 아니라

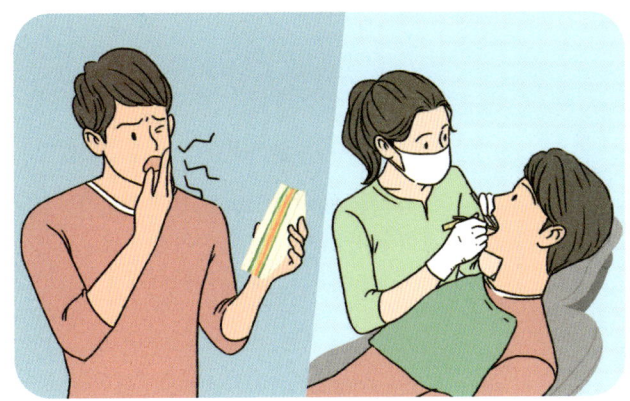

이가 아파도 참는 사람들이 많다. 그런데 치통이 계속되면 **참을 게 아니라** 병원에 가 보는 것이 좋다.

▶ 어떤 일을 하는 것보다 더 나은 다른 일을 제시할 때 사용합니다.
This expression is used when proposing a better alternative than doing a certain action.

예
- 피곤하다고 계속 **잘 것이 아니라** 나가서 산책이라도 하는 것이 좋다.
- 여기는 멀어서 공연이 잘 안 보이니까 여기에 **앉을 것이 아니라** 앞쪽으로 가서 앉는 게 낫겠다.
- 단어가 안 외워질 때는 무조건 **외울 것이 아니라** 친구들하고 이야기하면서 연습하는 것이 필요하다.
- 그 재료를 다 쓰면 음식이 많이 남을 것 같다. 이렇게 많이 **만들 게 아니라** 준비한 재료의 반만 사용하는 게 좋겠다.

▶ 뒤 절에는 권유, 요청, 명령, 부탁하는 내용이 올 수 있습니다.
In the clause that follows, there may be suggestions, requests, commands, and favors.

예
- 에너지 절약을 위해서 실내 온도를 **높일 것이 아니라** 내복을 입으십시오.
- 매일 **외식을 할 게 아니라** 건강을 위해서 집에서 만들어 먹는 게 어떻습니까?

▶ '명만 동-을 것이/게 아니라'의 형태로도 사용합니다.
It is also used in the form of '명만 동-을 것이/게 아니라.'

예
- 건강을 위해서는 **운동만 할 게 아니라** 잘 쉬어야 합니다.
- **경제 발전에만 신경 쓸 것이 아니라** 환경 보호에도 노력을 기울여야 합니다.

❶ 동-어 대다

가: 얼굴이 안 좋아 보이네요. 무슨 일 있어요?
나: 요즘 잠을 못 자서 그래요. 룸메이트가 **코를 골아 대서** 잠을 잘 수가 없어요.

▶ 반복적인 행동의 정도가 심하다는 것을 표현할 때 사용합니다.
This expression is used to express when the degree of repetitive behavior is severe.

예
가: 왜 그렇게 화를 내?
나: 민수가 약속 시간에 늦게 왔는데 자기는 잘못이 없다고 **우겨 대잖아**.

가: 아이한테 정리 좀 하라고 **잔소리를 해 대서** 그런지 저만 보면 피해요.
나: 잔소리를 할 게 아니라 스스로 정리할 때까지 기다려 주세요.

▶ 반복되는 행동을 부정적으로 생각한다는 것을 표현하므로 윗사람에게는 사용하지 않습니다.
Because this expression depicts negative thoughts about a repeated action, it is not used for a person who is older or senior in status or position.

예
- 아버지가 많이 먹어 대더니 배탈이 나셨어요. (✗)
- 자말 씨가 찬 음식을 **먹어 대더니** 배탈이 났어요. (○)

❷ 동형-더라도

가: 한국어 공부가 재미있기는 하지만 매일 하는 게 너무 힘들어. 포기하고 좀 쉬고 싶어.
나: 지금 포기하면 너무 아깝잖아. 공부하는 게 아무리 **힘들더라도** 끝까지 같이 해 보자.

▶ 앞의 일이 일어나도 신경 쓰거나 영향받지 않는다는 것을 나타낼 때 사용합니다. 후행절이 행동일 때는 요청, 조언, 다짐의 내용이 주로 옵니다.
This expression is used to indicate that you are indifferent or unaffected even if the preceding event happens. When the following clause is an action, it is mainly for requests, advice, and resolutions.

예 가: 지금 신호등이 빨간색으로 바뀌었네. 차 안 오니까 그냥 건너자. 우리 늦었어.
나: **급하더라도** 안전하게 건너야지. 빨간 신호에 건너다가 사고라도 나면 어쩌려고 그래.

가: 며칠 밤을 새워서 너무 졸린데 커피라도 한 잔 마실까?
나: 커피를 아무리 **마시더라도** 소용없을 거야. 차라리 잠깐 낮잠을 자는 게 어때?

TIPS

동형-더라도	아무리 동형-어도 (3B 12단원)
'-더라도'는 가정의 뜻이 더 강해서 뒤 문장에 이미 일어난 상황에 대해 쓰면 어색합니다. Since '-더라도' has a stronger connotation of assumption, it is awkward to use it in the following sentence about a situation that has already happened. **예** • 내용이 너무 어려워서 아무리 공부하더라도 이해가 잘 안돼요. (✕) • 내용이 너무 어려워서 아무리 **공부하더라도** 이해가 잘 안될 거예요. (○)	'-어도'는 앞에 오는 말을 가정하거나 인정하지만 뒤에 오는 말에는 관계가 없거나 영향을 끼치지 않음을 나타냅니다. '-어도' indicates that the preceding statement is assumed or acknowledged but has no relationship to or influence on the following statement. **예** • 내용이 너무 어려워서 **아무리 공부해도** 이해가 잘 안돼요. (○)

❸ 명에 의해(서)

대한민국의 대통령은 **국민의 투표에 의해서** 선출된다.

▶ 문장 속 상황을 만든 주체나 방법을 나타낼 때 사용합니다.
This expression is used to indicate the subject or method that created the situation in the sentence.

예
- 우리 회사에서 직원의 월급은 **직급이나 성과에 의해** 결정된다.
  (→ 직급이나 성과가 직원의 월급을 결정한다)
- 축제에서 할 공연은 **학생들의 토의에 의해** 결정되었다.
  (→ 학생들이 토의를 해서 축제에서 할 공연을 결정했다)
- 한글은 조선 시대에 **세종대왕과 학자들에 의해** 만들어졌다.
  (→ 세종대왕과 학자들이 한글을 만들었다)
- 모든 결과는 **노력에 의해서** 달라질 수 있기 때문에 끝까지 노력하지 않으면 안 된다.
  (→ 노력은 결과를 달라지게 하기 때문에 끝까지 노력하지 않으면 안 된다)

▶ 문장의 서술부에는 보통 '결정되다, 달라지다, 만들어지다' 등과 같이 피동의 의미를 가진 말을 함께 씁니다.
Words with a passive meaning, such as '결정되다, 달라지다, 만들어지다,' are usually used in the sentence.

예
- 수학여행 장소는 학생들에 의해 직접 결정했습니다. (✕)
- 수학여행 장소는 **학생들에 의해** 직접 결정됐습니다. (○)

❹ 명 마저

나빠진 경제 상황 때문에 중소기업에서 몇 년간 신입 사원을 뽑지 않았습니다. 최근에는 **대기업마저** 신입 사원을 뽑지 않고 있어서 일자리 문제가 심각합니다.

▶ 현재의 상황에서 하나 남은 마지막 것을 나타낼 때 사용합니다.
This expression is used to indicate the last remaining thing in the current situation.

예
- 계단을 내려오다가 오른쪽 다리를 다쳤는데 길에서 미끄러져서 **왼쪽 다리마저** 다쳤다.
- 같이 여행을 간 친구와 싸운 데다가 여권도 잃어버려서 기분이 좋지 않았는데 **날씨마저** 좋지 않아서 정말 우울했다.
- 내 동생은 거짓말을 자주 하고 다른 사람과의 약속도 잘 지키지 않는다. 게다가 **말투마저** 무뚝뚝해서 친구가 별로 없다.
- 생활비가 모자라서 집에 있던 물건들을 하나씩 팔았다. 최근에 일을 그만두고 상황이 더 안 좋아져서 **엄마한테 물려받은 목걸이마저** 팔아 버렸다.

▶ 부정적인 경우에 주로 사용됩니다.
It is mainly used in negative cases.

예
- 그 친구는 공부도 잘하고 성격마저 좋아서 인기가 많다. (×)
- **하나 남은 과자마저** 모두 먹어버렸다. (○)

❶ 동-고도

가: 그 박물관에 가려면 이쪽으로 가야 돼. 여기 지도 있으니까 한번 확인해 봐.

나: 나도 벌써 봤어. 하지만 **지도를 보고도** 길을 잘 못 찾겠더라고.

▶ 어떤 사실이나 느낌에 이어 그것과 반대되거나 또 다른 상황이 일어나고 있다는 것을 표현할 때 사용합니다.
This expression is used to express the notion that even after a certain fact or feeling has come about, the outcome is quite the opposite of what was expected.

예 가: 나는 문서 작업밖에 안 하는데 괜히 비싼 컴퓨터를 산 것 같아.
나: 그렇게 **비싼 컴퓨터를 사고도** 문서 작업만 하다니 아깝다.

가: 오늘은 이상하게 하루 종일 배가 고프네. 뭐 먹을 거 좀 없어?
나: 점심에 삼겹살을 그렇게 **많이 먹고도** 또 배가 고파?

▶ 부정문의 경우 '동-지 않고도'의 형태로 사용합니다.
In the case of negative sentences, it is used in the form of '동-지 않고도.'

예 가: 이 불고기 정말 맛있다. 예전에는 요리를 잘 못하더니 실력이 많이 늘었는데?
나: 혼자 산 지 10년이 넘었잖아. 이젠 **요리책을 보지 않고도** 요리를 잘할 수 있게 됐어.

▶ 앞과 뒤의 주어는 같아야 합니다.
The subjects of the preceding and following sentences of the expression must be the same.

예 • 동생이 아이스크림을 먹고도 내가 먹었다고 했어요. (×)
• 동생이 **아이스크림을 먹고도** (동생이) 안 먹은 척했어요. (○)

❷ 명이 아니라, 동-는 게 아니라, 형-은 게 아니라, 명인 게 아니라

가: 미나 씨, 사진 속에서 오렌지색 블라우스를 입고 있는 사람이 미나 씨 언니예요?

나: **언니가 아니라** 제 동생이에요. 동생이 어른스러워 보여서 가끔 사람들이 착각을 해요.

▶ 어떤 것을 설명할 때 앞의 것은 틀리고 뒤의 것이 맞는다는 것을 이야기할 때 사용합니다.
These expressions are used to indicate that the preceding description is incorrect and the following description is correct.

예
가: 이 새로 나온 휴대폰이 너무 비싼 것 같아.
나: 성능과 디자인을 생각하면 **비싼 게 아니라** 싼 거지.

가: 한국 회사에 취직하려고 한국어를 공부해요?
나: **취직하려고 공부하는 게 아니라** 취미로 하는 거예요.

동-는 게 아니라	잘하다	→ 잘하는 게 아니라
있다, 없다	멋있다	→ 멋있는 게 아니라
형-은 게 아니라	아프다	→ 아픈 게 아니라
	작다	→ 작은 게 아니라
명인 게 아니라	사교적	→ 사교적인 게 아니라
동-은 게 아니라	보다	→ 본 게 아니라
	먹다	→ 먹은 게 아니라

TIPS

동-는 게 아니라, 형-은 게 아니라	동-는다기보다는, 형-다기보다는 (4B 11단원)
앞과 뒤의 내용이 반대되는 경우에도 사용할 수 있습니다. These expressions are used to negate or contrast the preceding clause with the following one. **예** • 그 문제는 **어려운 게 아니라** 복잡하다. (○) • 그 문제는 **어려운 게 아니라** 쉽다. (○)	앞에 어떤 맥락이 제시되었을 때 사용할 수 있습니다. 앞과 뒤의 설명이 비슷한 내용이어야 합니다. These expressions can be used when a certain context is presented prior. The description before and after '-는다기보다는' must be comparable. **예** • 그 문제는 어렵다기보다는 쉽다. (×) • 그 문제가 어렵다고 하는데 **어렵다기보다는** 복잡하다. (○)

③ 몡뿐이다, 동형-을 뿐이다, 몡일 뿐이다

20명이 넘는 학생들 중에서 과학에 관심을 가지고 있는 사람은 **안나뿐이다**.

▶ 앞의 것 외에 다른 것이 없거나 앞의 것만 있다는 것을 나타낼 때 사용합니다.
These expressions are used to indicate that there is nothing besides the preceding content.

예
- 하루 종일 춥던 지난주와 달리 오늘은 아침저녁에만 조금 **쌀쌀할 뿐이다**.
- 잘못을 하고도 사과를 하지 않고 계속 핑계를 댄다면 상대방의 기분을 **상하게 할 뿐이다**.
- 이번 대회에서 우승을 못 했지만 내 실력이 부족해서라기보다는 **운이 없었을 뿐이라고 생각한다**.
- 수지는 책임감이 강하고 어른스럽다는 말을 자주 듣지만 어둠을 무서워하는 열 살짜리 **아이일 뿐이다**.

동형-을 뿐이다	가다	→ 갈 뿐이다
	많다	→ 많을 뿐이다
몡일 뿐이다	아이	→ 아이일 뿐이다
	소문	→ 소문일 뿐이다
동형-었을 뿐이다	보다	→ 봤을 뿐이다
	없다	→ 없었을 뿐이다
	공부하다	→ 공부했을 뿐이다
몡이었을 뿐이다	문제	→ 문제였을 뿐이다
	변명	→ 변명이었을 뿐이다

▶ 이미 완료된 상황에 대해서 이야기할 때는 '뿐이었다'의 형태로 사용합니다.
It is used in form of '뿐이었다' when the situation is completed.

예
- 처음 한국에 왔을 때 내가 할 수 있는 한국말은 **인사뿐이었다**.
- 다른 사람을 화나게 하려고 일부러 예의가 없는 행동을 한 게 아니었다. 어떻게 해야 하는지 잘 **몰랐을 뿐이었다**.

❹ 동-는다는 명, 형-다는 명, 명이라는 명

이것은 한국 사람들이 좋아하는 **떡볶이라는 음식**이다.

▶ '동-는다는 명'과 '형-다는 명'은 들은 사실을 인용해서 나타내거나 생각하는 내용을 담아 뒤에 오는 말을 수식할 때 사용합니다. 주로 뒤에는 '사실, 이야기, 생각, 말, 소문, 기사' 등의 단어가 옵니다.
'동-는다는 명' and '형-다는 명' are used to quote a fact or modify the words that follow with your own thoughts. These expressions are mainly followed by words like '사실, 이야기, 생각, 말, 소문, 기사.'

예
- 미선 씨는 성격이 **사교적이라는 평가**를 받는다.
- 힘들어도 **잘될 거라는 긍정적인 생각**을 하는 게 좋다.
- 다음 달부터 **지하철 요금이 10% 오른다는 기사**를 봤다.
- 한국에 오기 전에 **한국 음식이 맛있다는 이야기**를 자주 들었다.

▶ '명이라는 명'은 듣는 사람이 모르는 것의 이름을 소개할 때 사용합니다.
'명이라는 명' is used to introduce the name of something the listener is unaware of.

예
- 이번에 새로 나온 **'하얀 꽃'이라는 영화**가 주목을 받고 있다.
- 지난 휴가 때 **통영이라는 항구**에 다녀왔는데 너무 좋아서 또 가고 싶다.
- 나라마다 그 나라를 대표하는 꽃이 있는데 한국에는 **무궁화라는 꽃**이 있다.
- 한국에서는 더운 여름에 체력을 보충하기 위해 **삼계탕이라는 음식**을 먹는다.

▶ 듣는 사람이 모르는 대상의 명칭을 소개할 때는 앞에는 구체적인 명사를 쓰고 뒤에는 그 명사를 포함하는 상위어를 써야 합니다.
When introducing the name of something the listener is unaware of, you must use a specific noun preceding the noun and followed by a hypernym that includes the noun.

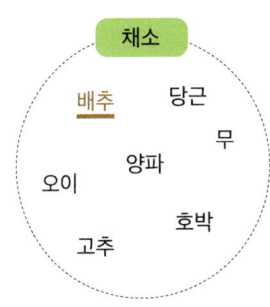

예
- 이것은 배추라는 김치입니다. (×)
- 이것은 **배추라는 채소**입니다. (○)

18단원

❶ 동형-었더라면, 명이었더라면

가: 지금 오는 열차가 막차래.
나: 1분만 **늦었더라면** 못 탈 뻔했어.

▶ 과거의 사실과는 다른 내용의 일이나 상황을 가정하면서 후회하거나 다행이라고 생각하는 것을 표현할 때 사용합니다.
These expressions are used to express regret or lament about past events while assuming that an event or a situation that the speaker discovered is different from what they expected.

예 가: 어제 세계 음식 축제 다녀왔는데 정말 다양한 먹을거리가 있었어.
나: 정말? 재미있었겠다. 나도 **바쁘지 않았더라면** 갔을 텐데 아쉽다.
　　　(→ 나는 바빠서 축제에 못 갔다)

가: 우리 팀이 이번에는 이길 줄 알았는데 또 졌어.
나: 맞아. 우리 팀 선수가 **퇴장을 당하지 않았더라면** 이겼을 거야.
　　　(→ 우리 팀 선수가 퇴장을 당해서 졌다)

동형-었더라면	가다	→ 갔더라면
	많다	→ 많았더라면
	공부하다	→ 공부했더라면
명이었더라면	친구	→ 친구였더라면
	사교적	→ 사교적이었더라면

TIPS

동형-었더라면, 명이었더라면	동-는다면, 형-다면, 명이라면 (3B 16단원)
실제로 있었던 일을 반대로 가정했을 때만 사용합니다. They only used when assuming the opposite of what actually happened. **예** 가: 하지 못해서 후회되는 일이 있어요? 나: 네. 10년 전에 대학원에 안 가고 **취직했더라면** 지금 돈을 많이 벌었을 거예요. (○) 취직했더라면 돈을 많이 벌고 싶어요. (×)	어떤 사실이나 상황을 가정하는 뜻을 나타냅니다. 가정하는 것이 현실성이 없어도 쓸 수 있습니다. They are used to indicate that a fact or situation is assumed. They can be used even when something assumed is not realistic. **예** 가: 10년 전으로 **돌아간다면** 뭘 하고 싶어요? 나: 과거로 **돌아갈 수 있다면** 강남에 땅을 사고 싶어요. (○)

❷ 동형-기는(요)

한국말 잘하시네요.

가: 와, 한국말 잘하시네요.
나: **잘하기는요**. 한국어를 배운 지 얼마 안 됐어요.

▶ 질문의 내용과 반대되는 생각을 표현할 때 사용합니다.
This expression is used to indicate an opinion that is contrary to the content of the question.

예 가: 한국의 겨울 날씨가 춥지요?
　　나: **춥기는요**. 우리 고향보다 덜 추워요.

　　가: 엥흐 씨는 성격이 정말 사교적인 것 같아요.
　　나: **사교적이기는요**. 저는 많은 사람들과 어울리는 게 부담스러워서 모임에 잘 안 가요.

▶ 질문하는 시제와 상관없이 대답은 언제나 현재형을 사용합니다.
Regardless of the tense of the question asked, the answer is always in the present tense.

예 가: 어제 영화를 봤다면서요? 재미있었어요?
　　나: 재미있었기는요. (×)
　　　　재미있기는요. (○)

▶ 칭찬하는 말에 대해서 자랑하지 않고 겸손한 태도로 대답할 때 사용할 수 있습니다.
It can be used to respond in a humble manner when complimented.

예 가: 너 춤 정말 잘 춘다.
　　나: **잘 추기는**. 나보다 잘 추는 애들이 얼마나 많은데.

▶ '고맙다', '미안하다' 등에 대한 대답으로 겸손하게 말할 때 사용할 수 있습니다.
As a response to '고맙다,' '미안하다,' it may be used to express deference.

예 가: 바쁠 텐데 도와줘서 고마워.
　　나: **고맙긴**. 별일 아닌데, 뭐.

❸ 동형-었었-, 명이었었-

지금은 이 식당의 음식 맛이 예전만 못하지만 전에는 음식이 참 **맛있었었다**.

▶ 과거의 일이 현재와 다르거나 더 이상 이어지지 않음을 나타낼 때 사용합니다.
These expressions are used to indicate that something in the past has changed or is no longer continuing.

예
- 나는 1년 전까지 서울대입구역 근처에서 **살았었다**.
- 작년에는 날씨가 무척 **더웠었지만** 올해는 별로 덥지 않다.
- 전에 다니던 회사에서는 자주 **야근을 했었지만** 새로 옮긴 회사에서는 정시에 퇴근할 수 있다.
- 지금은 이곳이 높은 건물로 둘러싸여 있지만 30년 전에는 **논과 밭이었었다**.

동형-었었-	오다	→ 왔었다
	길다	→ 길었었다
	사랑하다	→ 사랑했었다
명이었었-	친구	→ 친구였었다
	부정적	→ 부정적이었었다

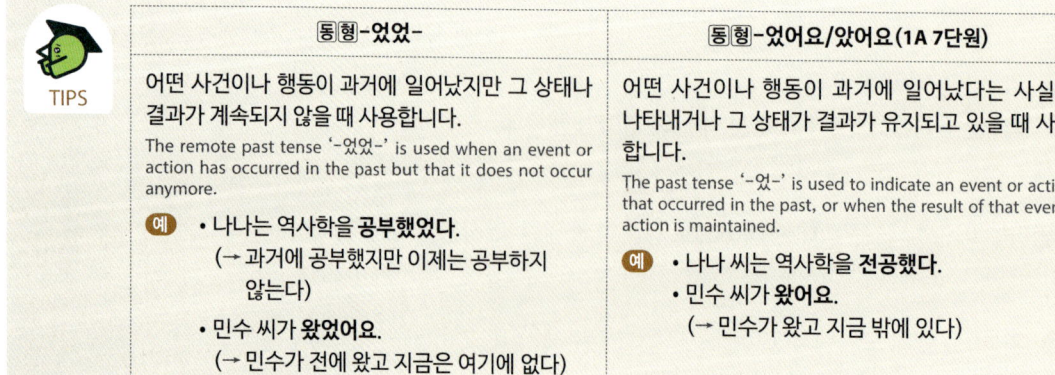

❹ 동-곤 하다

고향 음식을 먹으면….

한국에서 유학 생활을 하면서 고향이 그리울 때 고향 음식을 요리해서 **먹곤 한다**.

▶ 같은 상황이 반복되는 것을 표현할 때 사용합니다.
This expression is used to express that the same situation repeats itself.

> 예
> - 이 노래를 들으면 예전 남자 친구와의 **추억이 생각나곤 한다**.
> - 밤에 잠이 잘 오지 않으면 우유를 **따뜻하게 데워서 마시곤 한다**.
> - 고향에 있을 때 스트레스를 많이 받으면 공원에서 **조깅을 하곤 했다**.
> - 주말마다 친구들과 모여서 **놀곤 했는데** 요즘은 바빠서 시간이 안 난다.

▶ 반복된 상황이 과거에 이미 끝나서 더 이상 그런 행동을 하지 않을 때 '동-곤 했었다'로 표현합니다.
When a repeated situation has already ended and the action is no longer carried out, it is expressed as '동-곤 했었다.'

> 예
> - 대학교 다닐 때는 시간 날 때마다 책을 **읽곤 했었는데** 요즘은 피곤해서 시간이 나기만 하면 잔다.